Bangkitlah, Israel

"Sebelum Hari TUHAN yang dahsyat
dan mengerikan itu tiba,
matahari akan menjadi gelap,
dan bulan akan menjadi merah seperti darah.
Tetapi semua orang
yang meminta pertolongan TUHAN
akan diselamatkan.
Sebagaimana TUHAN telah berfirman,
'Sebilangan orang di Yerusalem akan terselamat; mereka yang
Aku pilih akan hidup.'"

(Yoel 2:31-32)

Bangkitlah,
Israel

Dr. Jaerock Lee

URIM
BOOKS

Bangkitlah, Israel oleh Dr. Jaerock Lee
Diterbitkan oleh Urim Books (Wakil: Kyungtae Noh)
73, Yeouidaebang-ro 22-gil, Dongjak-gu, Seoul, Korea
www.urimbooks.com

Melainkan dinyatakan, semua petikan Injil adalah daripada *Alkitab: Berita Baik,* hakcipta © 2001 oleh The Bible Society of Malaysia. Diguna dengan keizinan.

Hak Cipta Terpelihara © 2015 oleh Dr. Jaerock Lee
ISBN: 978-89-7557-971-4 03230
Hak Cipta Penterjemahan © 2014 oleh Dr. Esther K. Chung.
Digunakan dengan kebenaran.

Dahulunya diterbitkan dalam Bahasa Korea oleh Urim Books pada tahun 2007

Pertama Diterbitkan Mac 2015.

Disunting oleh Dr. Geumsun Vin
Direkabentuk oleh Biro Editorial Urim Books
Dicetak oleh Syarikat Pencetakan Yewon
Untuk maklumat lanjut, hubungi urimbook@hotmail.com

Prakata

Pada awal abad ke-20, satu siri peristiwa yang luar biasa berlaku di tanah tandus Palestin di mana tidak ada orang yang ingin hidup di sana pada masa itu. Orang Yahudi yang telah tersebar di seluruh Eropah Timur, Rusia, dan seluruh dunia mula tertarik kepada suatu bidang tanah yang dipenuhi rumput, kemiskinan, kebuluran, penyakit, dan azab. Walaupun dengan kadar kematian yang tinggi akibat malaria dan kebuluran, orang Yahudi tidak kehilangan tahap iman serta cita-cita mereka yang tinggi tetapi mula membina kibbutz (tempat kerja di Israel, sebagai contoh sebuah ladang atau kilang, di mana pekerja-pekerja tinggal bersama-sama dan berkongsi semua tugas dan pendapatan). Seperti pernah dinyatakan oleh Theodor Herzl, pengasas Zionisme moden, yang berbunyi, "Jika anda menghendakinya, maka ia bukan lagi impian," pemulihan Israel menjadi kenyataan.

Tanggapan lazimnya, pemulihan Israel dianggap satu

impian yang mustahil untuk dicapai dan tiada sesiapa yang sanggup mempercayainya. Walau bagaimanapun, orang Israel melaksanakan impian tersebut dengan lahirnya sebuah negara Israel yang secara ajaibnya mereka memperoleh kembali suatu bangsa mereka sendiri buat kali pertama setelah lebih kurang 1900 tahun.

Walaupun orang Israel terpaksa berhadapan dengan penganiayaan dan azab berabad-abad lamanya sambil terserak di tanah asing, namun mereka terus berpegang teguh kepada kepercayaan, budaya dan bahasa mereka dan sentiasa berusaha memperbaikinya. Selepas penubuhan negara Israel moden, mereka mengusahakan tanah tandus dan memberikan penekanan yang lebih kepada pembangunan pelbagai industri yang membolehkan negara mereka untuk menyertai taraf negara-negara maju, dan merupakan orang luar biasa yang telah bertahan dan terus makmur walaupun berhadapan dengan pelbagai cabaran dan ancaman yang menggugat kelangsungan mereka sebagai sebuah bangsa.

Selepas mengasaskan Gereja Pusat Manmin pada tahun 1982, Tuhan telah mendedahkan kepada saya melalui inspirasi Roh

Kudus banyak maklumat tentang Israel kerana kemerdekaan Israel adalah salah satu tanda akhir zaman dan pencapaian nubuat di dalam Alkitab.

TUHAN berfirman, "Dengarlah hai bangsa-bangsa! Isytiharkanlah perkhabaran-Ku ke seberang laut. Umat-Ku yang telah Kucerai-beraikan akan Kukumpulkan dan Kupelihara seperti gembala menjaga dombanya" (Yeremia 31:10).

Tuhan telah memilih kaum Israel untuk mendedahkan rencana-Nya yang dengannya Dia telah menciptakan dan memupuk manusia selama ini. Pertama sekali, Tuhan menjadikan Abraham sebagai "bapa iman," dan mengukuhkan Yakub, cucu Abraham, sebagai pengasas Israel, dan Tuhan mengisytiharkan kehendak-Nya kepada keturunan Yakub dan mencapai rencana pemupukan manusia.

Sewaktu Israel percaya kepada firman Tuhan dan taat menjalani kehidupan mereka berdasarkan kehendak-Nya, ia menikmati kemuliaan dan keagungan yang jauh lebih hebat daripada semua bangsa. Apabila mereka menjauhkan diri daripada Tuhan dan mengingkari Dia, Israel mula mengalami pelbagai jenis azab, termasuk serangan daripada kuasa-kuasa asing dan rakyatnya terpaksa hidup merempat di seluruh pelosok dunia. Walaupun Israel menghadapi kesusahan akibat dosa-dosanya, Tuhan tidak pernah meninggalkan ataupun melupakan mereka. Israel sentiasa terikat kepada Tuhan melalui perjanjian-Nya dengan Abraham dan Tuhan tidak pernah berhenti membantu mereka.

Di bawah penjagaan dan bimbingan Tuhan yang luar biasa, umat Israel sentiasa dipelihara, mencapai kemerdekaan, dan sekali lagi menjadi bangsa yang mengatasi semua bangsa lain. Bagaimana rakyat Israel dipeliharakan dan mengapa negara Israel dipulihkan semula?

Ramai yang berkata, "Kelangsungan bangsa Yahudi adalah suatu keajaiban." Dengan pelbagai jenis dan magnitud penganiayaan dan penindasan yang dialami oleh kaum Yahudi semasa Diaspora melebihi mana-mana gambaran dan imaginasi, sejarah Israel sendiri membuktikan kebenaran Alkitab.

Namun, suatu kesengsaraan dan penderitaan yang lebih hebat daripada yang telah berlaku kepada kaum Yahudi akan berlaku selepas Kedatangan Kedua Yesus Kristus. Sudah tentu, mereka yang telah menerima Yesus sebagai Penyelamat mereka akan diangkat ke udara dan mengambil bahagian dalam Jamuan Perkahwinan bersama dengan Yesus. Walau bagaimanapun, mereka yang belum lagi menerima Yesus sebagai Penyelamat mereka, tidak akan diangkat ke udara apabila Dia datang semula dan akan menderita dalam Kesusahan Besar selama tujuh tahun.

"TUHAN Yang Maha Kuasa berfirman, Harinya akan tiba apabila semua orang sombong dan jahat dibakar seperti jerami. Pada hari itu mereka akan dibakar habis, sehingga tiada lagi yang tertinggal" (Maleakhi 4:1).

Tuhan telah mendedahkan kepada saya secara terperinci tentang bencana-bencana yang bakal melanda semasa Kesusahan Besar Tujuh Tahun. Atas sebab itu, saya benar-benar ingin kaum Israel pilihan Tuhan untuk menerima, tanpa membuang masa lagi, Yesus yang pernah mendiami bumi ini lebih kurang dua ribu tahun yang lepas, sebagai Penyelamat mereka supaya tidak seorang pun antara mereka yang tertinggal dan menderita dalam Kesusahan Besar itu.

Pada ulang tahun ke-25 Gereja Pusat Manmin, saya telah menulis dan mendedikasikan suatu kerja yang menyediakan jawapan kepada pencarian Mesias selama beribu-ribu tahun oleh kaum Yahudi serta jawapan kepada soalan-soalan yang sering dibangkitkan.

Semoga setiap pembaca buku ini dapat merangkap dalam hati pesanan kasih Tuhan yang sungguh-sungguh dan tanpa membuang masa lagi, tampil menemui Mesias yang telah diutus oleh Tuhan kepada umat manusia.

Saya mengasihi setiap anda dengan seluruh hati saya.

Februari 2008
Di Rumah Doa Getsemani
Jaerock Lee

Kata Pengantar

Saya memberi semua ucapan terima kasih yang tidak terhingga dan kemuliaan kepada Tuhan kerana membimbing dan memberkati kami sehingga berjaya menerbitkan *Bangkitlah, Israel!* pada akhir zaman. Buku ini telah diterbitkan selaras dengan kehendak Tuhan yang ingin membangkitkan dan menyelamatkan Israel, dan diatur oleh kasih Tuhan yang tidak terbatas dan tidak ingin kehilangan walau satu jiwa pun. Bab 1, "Israel: Umat Pilihan Tuhan," menerokai sebab-sebab Tuhan menciptakan dan memupuk manusia di atas bumi serta rencana-Nya memilih dan memerintah kaum Israel sebagai umat pilihan-Nya dalam sejarah umat manusia. Bab ini juga memperkenalkan nenek moyang Israel yang hebat termasuk Tuhan kita Yesus, yang datang ke dunia ini selaras dengan nubuat yang telah meramal kedatangan Penyelamat semua orang dari keturunan Daud.

Dengan meneliti nubuat Alkitab tentang Mesias, Bab 2, "Mesias yang Diutus oleh Tuhan," membuktikan Yesus sebagai Mesias yang ketibaan-Nya amat dinanti-nantikan oleh Israel dan bagaimana, berdasarkan hukum penebusan tanah, Dia memenuhi semua kelayakan sebagai Penyelamat umat manusia. Tambahan pula, Bab kedua menyiasat bagaimana nubuat Perjanjian Lama mengenai Mesias telah dipenuhi oleh Yesus serta hubungan antara sejarah Israel dan kematian Yesus.

Bab ketiga, "Tuhan yang kepada-Nya Israel percaya," melihat dengan lebih dekat kaum Israel yang tegas mematuhi hukum dan adat resam, serta menerangkan kepada mereka apa yang disenangi oleh Tuhan. Selain itu, ia memperingatkan mereka bahawa mereka telah menjauhi diri mereka daripada kehendak Tuhan akibat adat resam golongan tua yang dihasilkan oleh mereka. Bab ini menggesa mereka memahami kehendak Tuhan yang sebenar dalam memberikan mereka hukum itu, dan mentaati hukum tersebut dengan kasih.

Diperincikan di dalam Bab terakhir "Lihat dan Dengar!" adalah zaman kita, yang dinubuatkan oleh Alkitab sebagai "akhir zaman," dan juga kemunculan antikristus yang bakal berlaku serta gambaran keseluruhan tentang Tujuh Tahun Kesusahan Besar. Selain itu, dalam membuktikan dua rahsia Tuhan, yang telah disediakan dalam kasih tidak terhingga-Nya demi umat pilihan-Nya agar orang Israel mungkin mencapai keselamatan pada saat-saat akhir pemupukan umat manusia, Bab terakhir ini menyeru orang Israel agar tidak melepaskan peluang terakhir memperolehi keselamatan. Apabila manusia pertama Adam melakukan dosa keingkaran dan dihalau keluar dari Taman Eden, Tuhan membawa dia tinggal di tanah Israel. Semenjak itu, dalam sejarah pemupukan manusia, Tuhan telah menunggu selama beribu-ribu tahun dan masih menunggu sehingga hari ini dengan harapan memperoleh anak-anak yang benar.

Tiada masa untuk berlengah atau dibazirkan. Semoga anda semua mula menyedari bahawa zaman kita sebenarnya adalah akhir zaman dan bersiap sedia untuk menerima Yesus yang akan kembali sebagai Raja segala raja dan Tuhan segala tuhan, dalam nama-Nya dengan sepenuh hati saya berdoa.

Februari 2008
Geumsun Vin,
Ketua Penyunting

Kandungan

Bab 3

Tuhan yang Kepada-Nya Israel Percaya

Bab 4

Lihat dan Dengar!

"Bintang Daud," simbol masyarakat Yahudi,
pada bendera Israel

Bab 1

Israel: Umat Pilihan Tuhan

Permulaan Pemupukan Umat Manusia

Musa, pemimpin hebat Israel yang memerdekakan orangnya daripada perhambaan di Mesir dan membawa mereka ke Tanah Perjanjian Kanaan dan berkhidmat sebagai wakil Tuhan. Firman Tuhan dalam Kitab Kejadian dimulakan seperti berikut:

Pada mulanya Tuhan menciptakan langit dan bumi (1:1).

Tuhan menciptakan langit dan bumi dan segala-gala di dalamnya dalam enam hari, dan berehat dan menguduskan hari ketujuh. Jadi, mengapa Tuhan Pencipta menciptakan alam semesta dan segala-gala di dalamnya? Mengapa Dia menciptakan manusia dan membenarkan tidak terkira banyaknya orang terus hidup di atas bumi sejak zaman Adam?

Tuhan Mencari Orang yang Dia Dapat Berkongsi Kasih Selama-lamanya

Sebelum penciptaan langit dan bumi, Tuhan yang Maha Kuasa wujud bersendirian di dalam alam semesta yang tidak terhad sebagai cahaya di mana bunyi tertanam. Setelah lama menyendiri, Tuhan ingin mempunyai orang yang Dia dapat berkongsi kasih selama-lamanya.

Tuhan bukan sahaja memiliki sifat-sifat ketuhanan yang mentakrifkan-Nya sebagai Pencipta tetapi Dia juga memiliki sifat-sifat kemanusiaan di mana Dia berasa kegembiraan, kemarahan, kesedihan, dan keseronokan. Jadi Dia ingin saling berkongsi kasih dengan yang lain. Di dalam Alkitab terdapat banyak rujukan yang menunjukkan bahawa Tuhan memiliki sifat-sifat kemanusiaan. Dia senang dan gembira dengan perbuatan-perbuatan benar orang-orang Israel (Ulangan 10:15; Amsal 16:7), tetapi sedih dan marah akan mereka apabila mereka berdosa (Keluaran 32:10; Bilangan 11:1, 32:13).

Adakalanya seorang individu ingin menyendiri tetapi akan menjadi lebih seronok jika dia mempunyai seorang kawan untuk berkongsi hatinya. Oleh kerana Tuhan mempunyai sifat-sifat kemanusiaan, Dia ingin bersama dengan mereka yang Dia dapat memberikan kasih, yang hati mereka dapat difahami-Nya, dan begitu juga sebaliknya.

'Tidakkah bahagia dan tersentuh hati untuk mempunyai anak-anak yang dapat memahami hati Aku dan dengan mereka Aku dapat memberi dan menerima kasih dalam alam yang luas lagi mendalam ini?'

Pada waktu yang telah ditetapkan oleh-Nya, Tuhan menciptakan rancangan untuk memperolehi anak-anak sebenar yang akan menyerupai Dia. Dan untuk sebab itu, Tuhan bukan hanya menciptakan alam roh tetapi juga alam fizikal untuk manusia hidup.

Ada yang mungkin berfikir, 'Terdapat ramai pelayan syurga dan malaikat yang sentiasa taat. Mengapa Tuhan susah payah menciptakan manusia?' Selain beberapa malaikat, kebanyakan makhluk syurgawi tidak memiliki sifat-sifat kemanusiaan yang merupakan unsur paling penting antara semua yang diperlukan untuk memberi dan menerima kasih: kehendak bebas yang dipilih sendiri oleh mereka. Makhluk-makhluk syurgawi seperti itu seumpama robot; mereka taat seperti yang diperintah tetapi tanpa perasaan gembira, marah, sedih, atau seronok, mereka tidak mampu memberi dan menerima kasih yang berputik daripada lubuk hati mereka.

Katakan terdapat dua orang kanak-kanak dan salah seorang daripada mereka, tanpa pernah menyatakan perasaan, pendapat, atau cinta, taat dan sentiasa melakukan apa yang disuruh. Kanak-kanak yang seorang lagi, walaupun dia mengecewakan ibu bapanya dari masa ke masa menurut kehendak bebasnya, cepat bertaubat daripada kesalahannya itu, berpaut kepada ibu bapanya dalam kasih, dan menyatakan isi hatinya dalam pelbagai cara.

Antara dua orang kanak-kanak itu, yang manakah anda lebih suka? Kemungkinan besar anda akan memilih yang kedua. Walaupun anda memiliki robot yang melakukan semua kerja untuk anda, tidak seorang pun antara anda akan lebih suka robot sebagai anak sendiri. Dengan cara yang sama, Tuhan lebih suka manusia yang dengan rela mentaati-Nya dengan akal dan emosinya, berbanding makhluk-makhluk syurgawi yang seumpama robot.

Rencana Tuhan untuk Memperolehi Anak-anak Sebenar

Selepas mencipta manusia pertama Adam, Tuhan seterusnya menciptakan Taman Eden dan membenarkan Adam memerintahnya. Segala-galanya berlimpah-limpah di dalam Taman Eden dan Adam memerintah atas semua benda dengan kehendak bebas dan kuasa yang Tuhan telah berikan kepadanya. Namun, terdapat satu perkara yang dilarang oleh Tuhan.

"Engkau boleh makan buah-buahan daripada semua pokok di taman ini; kecuali buah daripada pokok yang memberi pengetahuan tentang yang baik dan yang jahat. Engkau tidak boleh makan buah pokok itu; jika engkau memakannya, engkau pasti mati pada hari itu juga" (Kejadian 2:16-17).

Ini ialah sistem yang dibina antara Tuhan Pencipta dan manusia yang diciptakan, dan Dia mahu supaya Adam mentaati-Nya dengan kehendak bebas dan dari dalam hatinya. Setelah masa yang lama berlalu, Adam gagal mengingati firman Tuhan dan melakukan dosa keingkaran dengan memakan daripada pokok pengetahuan baik dan buruk.

Dalam Kejadian 3 terdapat senario di mana ular, yang telah dihasut oleh Iblis, bertanya kepada Hawa, *"Benarkah Tuhan melarang kamu makan buah daripada sebarang pokok di taman ini?"* (ayat 1) Hawa menjawab, *"Tuhan telah berfirman, 'Kamu tidak boleh memakan buah pokok itu (yang terletak di tengah-tengah taman itu) atau menyentuhnya, jika tidak kamu akan mati'"* (ayat 2).

Tuhan telah berfirman dengan jelas kepada Hawa, "Jika engkau memakannya, engkau pasti mati pada hari itu juga," tetapi dia mengubah perintah Tuhan dan berkata, "Kamu akan mati." Apabila menyedari Hawa tidak menyimpan perintah Tuhan dalam hatinya, ular itu lebih agresif dengan godaannya. *"Kamu tidak akan mati!" ular itu memberitahu Hawa. "Tuhan berfirman demikian kerana Dia tahu bahawa jika kamu makan buah itu, fikiran kamu akan terbuka; kamu akan menjadi seperti Tuhan dan mengetahui apa yang baik dan apa yang jahat"* (ayat 5).

Apabila Iblis menghembuskan rasa tamak dalam hati perempuan itu, pokok pengetahuan baik dan jahat mula kelihatan berbeza di matanya. Pokok itu kelihatan baik dijadikan makanan, dan indah dipandang, dan pokok itu diingini untuk menjadikannya bijaksana. Hawa memakan buahnya dan memberikan sedikit buah itu kepada suaminya, yang turut makan buah itu.

Beginilah cara Adam dan Hawa melakukan dosa keingkaran terhadap firman Tuhan dan akhirnya pasti berhadapan dengan

Israel: Umat Pilihan Tuhan

kematian (Kejadian 2:17). Di sini, "kematian" merujuk kepada kematian rohaniah dan bukannya kematian badaniah di mana pernafasan dalam jasad manusia berhenti. Setelah makan daripada pokok pengetahuan baik dan jahat, Adam melahirkan zuriat dan meninggal pada umur 930 tahun (Kejadian 5:2-5). Daripada hal ini sahaja kita tahu bahawa "kematian" di sini bukan merujuk kepada kematian fizikal. Manusia pada asalnya diciptakan sebagai gabungan roh, jiwa, dan jasad. Manusia memiliki roh yang membolehkannya berkomunikasi dengan Tuhan; jiwa yang di bawah kawalan roh; dan badan yang berfungsi sebagai perisai untuk kedua-dua roh dan jiwa. Disebabkan melanggar perintah Tuhan dan melakukan dosa, roh mati dan komunikasi dengan Tuhan terputus, dan inilah yang disebut "kematian" oleh Tuhan dalam Kejadian 2:17.

Setelah berdosa, Adam dan Hawa dihalau keluar daripada Taman Eden yang indah dan berlimpah-limpah. Oleh itu bermulalah seksaan untuk semua umat manusia. Kesakitan sewaktu melahirkan anak berlipat ganda dan wanita itu tetap akan berahi kepada suami dan tunduk kepadanya, manakala lelaki hanya mendapat makanan setelah bekerja keras mengerjakan tanah yang telah terkutuk seumur hidupnya. (Kejadian 3:16-17).

Berkaitan hal ini Kejadian 3:23 memberitahu kita, *"Maka TUHAN mengusir manusia itu keluar dari Taman Eden dan menyuruhnya mengusahakan tanah, yang daripadanya manusia dibentuk.* " Di sini, "mengusahakan tanah" bukan sahaja menunjukkan kerja keras manusia untuk mencari makanan daripada tanah tetapi juga hakikat bahawa dia – diciptakan daripada tanah – dan juga untuk "memupuk hatinya" sewaktu tinggal di atas bumi.

Pemupukan Manusia Bermula dengan Dosa Adam

Adam diciptakan sebagai makhluk hidup tanpa kejahatan di dalam hatinya, jadi dia tidak perlu memupuk hatinya. Namun setelah dia melakukan dosa, hati Adam tercemar dengan dusta yang menyebabkan dia perlu memupuk hatinya menjadi hati yang bersih semula seperti waktu sebelum dia berdosa.

Oleh itu, Adam terpaksa memupuk hatinya yang telah tercemar oleh dusta dan dosa menjadi hati yang suci dan tampil sebagai anak sebenar Tuhan selepas dia berdosa. Apabila Alkitab menyatakan, "TUHAN Tuhan mengusir manusia itu keluar dari Taman Eden dan menyuruhnya mengusahakan tanah, yang daripadanya manusia dibentuk," hal ini bermaksud begini, dan dikatakan sebagai "pemupukan manusia oleh Tuhan."

Kebiasaannya, "pemupukan" merujuk kepada proses di mana seseorang petani menabur benih, menjaga tanamannya, dan menuai hasil tanaman. Demi "memupuk" manusia di bumi dan memperolehi buah yang bagus yang bermaksud "anak-anak sebenar Tuhan," Tuhan mula-mula menabur benih pertama, Adam dan Hawa. Melalui Adam dan Hawa yang telah mengingkari Tuhan, anak-anak yang tidak terkira banyaknya telah dilahirkan dan melalui pemupukan manusia oleh Tuhan, tidak terkira banyaknya manusia telah dilahirkan semula sebagai anak-anak Tuhan dengan memupuk hati mereka dan memulihkan imej Tuhan yang telah hilang.

Oleh itu, "pemupukan manusia oleh Tuhan" merujuk kepada proses keseluruhan di mana Tuhan mengambil alih serta mengawal sejarah umat manusia, dari penciptaan manusia sehingga Hari Penghakiman, untuk memperolehi anak-anak-Nya yang benar.

Sama seperti seorang petani mengatasi banjir, kemarau, kesejukan lampau, hujan batu, dan haiwan perosak setelah mula-mula menanam benih tetapi akhirnya menuai buah yang indah dan menggembirakan, Tuhan telah mengawal segala-galanya untuk memperolehi anak-anak sebenar yang tampil setelah menghadapi kematian, penyakit, perpisahan, dan pelbagai penderitaan yang lain sewaktu mereka hidup di dunia ini.

Sebab Tuhan Meletakkan Pokok Pengetahuan Baik dan Jahat di dalam Taman Eden

Ada orang yang bertanya, "Mengapa Tuhan meletakkan pokok pengetahuan baik dan jahat yang menyebabkan manusia berdosa dan menuju kemusnahan?" Namun, sebab mengapa Tuhan meletakkan pokok pengetahuan baik dan jahat, adalah kerana rencana Tuhan yang menakjubkan yang dengannya Tuhan akan membimbing manusia sehingga sedar tentang 'kerelatifan.'

Kebanyakan orang menganggap bahawa Adam dan Hawa hanya gembira tinggal di dalam Taman Eden kerana tiada tangisan, kesedihan, penyakit, atau azab di dalam Taman tersebut. Tetapi Adam dan Hawa tidak mengenali erti kebahagiaan dan kasih sebenar kerana mereka tidak ada pemikiran tentang kerelatifan di dalam Taman Eden.

Sebagai contoh, bagaimana dua orang kanak-kanak akan bertindak balas apabila diberikan mainan yang sama jika seorang kanak-kanak telah dilahirkan dan dibesarkan dalam keluarga kaya manakala kanak-kanak lain dibesarkan dalam sebuah keluarga yang miskin? Kanak-kanak yang kedua akan lebih menghargai dan lebih gembira dari lubuk hatinya berbanding dengan kanak-kanak yang datangnya daripada keluarga kaya.

Jika anda memahami nilai sebenar sesuatu perkara, anda perlu mengetahui dan mengalami perkara yang sebaliknya. Hanya setelah anda telah menderita akibat penyakit, barulah anda boleh menghargai nilai sebenar kesihatan yang baik. Hanya apabila anda menyedari tentang kematian dan neraka, baru anda dapat menghargai nilai kehidupan abadi dan bersyukur kepada Tuhan yang Maha Pengasih dengan seluruh hati anda kerana memberikan anda syurga abadi.

Di dalam Taman Eden yang berlimpah-limpah, manusia pertama Adam menikmati segala-galanya yang diberikan oleh Tuhan kepadanya, termasuk berkuasa ke atas segala makhluk yang lain. Namun, disebabkan hal itu bukan hasil titik peluhnya, maka Adam tidak memahami sepenuhnya kepentingan mahupun menghargai Tuhan yang telah menyediakannya. Hanya selepas Adam dihalau keluar ke dunia ini dan mengalami tangisan, kesedihan, penyakit, azab, malapetaka, dan kematian barulah dia menyedari perbezaan antara kebahagiaan dan kesedihan dan betapa berharga kebebasan serta kemakmuran yang dikurniakan oleh Tuhan di dalam Taman Eden.

Apakah gunanya kehidupan abadi kepada kita sekiranya kita tidak mengenali kebahagiaan atau kesedihan? Walaupun kita menghadapi kesukaran untuk sementara waktu, jika kita dapat kemudiannya sedar dan berkata, "Ini adalah kegembiraan!" kehidupan kita akan menjadi lebih bermakna dan diberkati.

Tidak ada mana-mana ibu bapa yang tidak akan menghantar anak mereka ke sekolah dan membiarkan mereka duduk di rumah sahaja hanya kerana mereka tahu belajar itu adalah sukar. Sekiranya ibu bapa benar-benar menyayangi anak-anak mereka, mereka akan menghantar anak-anak mereka ke sekolah dan membimbing mereka belajar perkara sukar dengan tekun dan mengalami pelbagai perkara supaya mereka akan membina masa hadapan yang lebih baik.

Hati Tuhan, yang menciptakan dan memupuk manusia, sebenarnya sama. Untuk sebab itu, Tuhan meletakkan pokok pengetahuan baik dan jahat, dan tidak menghalang Adam daripada memakan buah daripada pokok itu atas kehendak bebasnya, dan membiarkan dia mengalami kegembiraan, kemarahan, kesedihan, dan keseronokan sepanjang berlakunya pemupukan manusia. Hal ini kerana manusia dapat mengasihi dan menyembah Tuhan yang merupakan kasih dan kebenaran, dari lubuk hati hanya selepas manusia telah mengalami kerelatifan dan memahami kasih, sukacita dan kesyukuran sebenar. Melalui proses pemupukan manusia, Tuhan ingin memperolehi anak-anak sebenar yang mengenali hati-Nya dan mencontohinya, serta tinggal dengan mereka di syurga dengan berkongsi kasih sebenar dan abadi selama-lamanya.

Pemupukan Manusia Bermula di Israel

Apabila manusia pertama Adam dihalau keluar daripada Taman Eden selepas mengingkari firman Tuhan, dia tidak diberikan hak untuk memilih tanah di mana dia akan tinggal sebaliknya Tuhan telah menetapkan kawasan untuknya. Kawasan itu ialah Israel.

Dalam hal ini terkandung kehendak dan rencana Tuhan. Selepas mengilhamkan rancangan hebat untuk pemupukan manusia, Tuhan memilih umat Israel sebagai contoh pemupukan manusia. Untuk sebab itu Tuhan khususnya membiarkan Adam memulakan kehidupan baru di tanah di mana negara Israel akan dibina.

Setelah masa berlalu, tidak terkira banyaknya negara muncul daripada keturunan Adam dan negara Israel dibina pada zaman Yakobus, seorang daripada keturunan Abraham. Tuhan ingin mendedahkan kemuliaan dan rencana-Nya memupuk manusia melalui sejarah Israel. Bukan hanya kepada kaum Israel tetapi kepada semua orang di seluruh dunia. Oleh itu, sejarah Israel yang diambil alih oleh Tuhan sendiri bukan sekadar sejarah manusia tetapi merupakan pesanan daripada Tuhan yang ditujukan kepada seluruh umat manusia.

Jadi, mengapa Tuhan memilih Israel sebagai model pemupukan manusia? Hal ini disebabkan keperibadian mereka yang lebih baik, dalam erti kata lain, sifat dalaman mereka cemerlang.

Israel adalah keturunan daripada 'bapa iman' Abraham yang amat menyenangkan Tuhan, dan juga keturunan Yakub yang teguh berjuang bersama Tuhan dan menang. Disebabkan hal inilah walaupun mereka kehilangan tanah kelahiran mereka dan terpaksa hidup merempat berabad-abad lamanya, orang-orang Israel tidak kehilangan identiti mereka.

Selain itu, rakyat Israel telah memelihara, selama beribu-ribu tahun, firman Tuhan yang telah dinubuatkan melalui hamba-hamba Tuhan dan mentaatinya. Sudah tentu adakalanya keseluruhan bangsa itu menjauhkan diri daripada firman Tuhan dan berdosa terhadap Tuhan tetapi akhirnya mereka bertaubat dan kembali kepada Tuhan. Mereka tidak pernah hilang iman kepada TUHAN mereka.

Pemulihan kemerdekaan negara Israel pada abad ke-20 jelas menunjukkan jenis hati yang dimiliki oleh rakyatnya sebagai keturunan Yakub.

Yehezkiel 38:8 memberitahu kita, *"Sesudah waktu yang lama sekali engkau akan mendapat perintah; pada hari yang terkemudian engkau akan datang di sebuah negeri yang dibangun kembali sesudah musnah karena perang, dan engkau menuju suatu bangsa yang dikumpul dari tengah-tengah banyak bangsa di atas gunung-gunung Israel yang telah lama menjadi reruntuhan. Bangsa ini telah dibawa ke luar dari tengah bangsa-bangsa dan mereka semuanya diam dengan aman tenteram"* (Alkitab, Lembaga Alkitab Indonesia). Di sini, "pada hari yang terkemudian" merujuk kepada akhir zaman apabila pemupukan manusia semakin hampir ke penghujungnya dan "gunung-gunung Israel" menandakan kota Yerusalem, yang terletak 760 meter (2,494 kaki) di atas paras laut.

Oleh itu, apabila Nabi Yehekziel berkata ramai "bangsa yang [akan] dikumpul dari tengah-tengah banyak bangsa di atas gunung-gunung Israel," ia bermaksud orang-orang Israel dari seluruh dunia akan berkumpul semula untuk membentuk negara Israel. Berdasarkan firman Tuhan ini, Israel, yang telah dimusnahkan oleh orang-orang Rom pada tahun 70 Masihi, mengisytiharkan kenegaraannya pada 14 Mei 1948. Tanah tersebut hanyalah "reruntuhan" tetapi pada hari ini, Israel membina sebuah negara yang kuat yang tidak mudah dipandang rendah ataupun dicabar oleh negara-negara lain.

Tujuan Tuhan Memilih Orang Israel

Mengapa Tuhan memulakan pemupukan manusia di tanah

Israel? Mengapa Tuhan memilih bangsa Israel, dan mengawal sejarah Israel?

Pertama sekali, Tuhan ingin mengisytiharkan kepada semua bangsa melalui sejarah Israel bahawa Dia ialah Pencipta langit dan bumi, Dia seorang ialah Tuhan yang sebenar, dan dia hidup. Dengan mengkaji sejarah Israel, orang bukan Yahudi juga dengan mudah dapat merasakan kehadiran Tuhan dan memahami rencana-Nya dalam mengawal sejarah manusia.

Kemudian semua bangsa di dunia akan tahu bahawa TUHAN sudah memilih kamu menjadi umat-Nya sendiri, dan mereka akan takut terhadap kamu (Ulangan 28:10).

Hai Israel, kamu sungguh berbahagia! Tidak ada sesiapa pun seperti kamu, bangsa yang diselamatkan oleh TUHAN. TUHAN sendirilah yang menjadi perisai dan pedang kamu, untuk membela kamu dan memberi kamu kemenangan. Musuh kamu akan datang mohon belas kasihan, dan kamu akan memijak-mijak mereka (Ulangan 33:29).

Umat pilihan Tuhan, Israel telah menikmati keistimewaan hebat, dan kita dengan mudah dapat melihat hakikat ini dalam sejarah Israel.

Sebagai contoh, apabila Rahab menerima dua orang lelaki

yang dihantar oleh Yoshua untuk mengintip tanah Kanaan, dia berkata kepada mereka, *"Kami telah mendengar bahawa TUHAN telah mengeringkan Laut Gelagah di hadapan kamu ketika kamu meninggalkan Mesir. Kami juga mendengar bahawa kamu telah membunuh Raja Sihon dan Raja Og, dua orang raja bangsa Amori di sebelah timur Sungai Yordan. Kami ketakutan sebaik saja kami mendengar hal itu. Kami sudah hilang keberanian kerana kamu. TUHAN, Tuhan kamu sesungguhnya Tuhan yang berkuasa di langit dan di bumi"* (Yoshua 2:9-11).

Sewaktu orang Israel dalam tawanan di Babel, Daniel berjalan bersama Tuhan dan Nebukadnezar Raja Babel merasai kehadiran Tuhan yang bersama Daniel. Selepas raja itu mengalami kehadiran Tuhan, dia hanya dapat *"memuji, menghormati, dan memuliakan Raja penguasa di syurga. Segala perbuatan-Nya benar dan adil. Dia sanggup merendahkan sesiapa yang berlaku sombong"* (Daniel 4:37).

Perkara yang sama juga berlaku sewaktu Israel berada di bawah taklukan Parsi. Sesudah melihat kerja-kerja Tuhan yang hidup memakbulkan doa Permaisuri Ester, *"banyak orang menjadi warga bangsa Yahudi kerana mereka takut terhadap bangsa itu"* (Ester 8:17).

Oleh itu, walaupun orang bukan Yahudi mengalami kehadiran Tuhan yang hidup yang bekerja untuk orang-orang Israel, mereka berasa takut dan menyembah Tuhan. Dan juga generasi akan datang akan dapat tahu tentang keagungan Tuhan dan menyembah-Nya melalui peristiwa-peristiwa dan contoh-contoh sedemikian.

Kedua, Tuhan memilih Israel dan membimbing rakyatnya kerana Dia ingin umat manusia sedar melalui sejarah Israel akan sebab Dia menciptakan dan memupuk manusia selama ini. Tuhan memupuk manusia kerana Dia ingin memperolehi anak-anak sebenar. Anak sebenar Tuhan ialah seseorang yang mencontohi Tuhan yang merupakan kebaikan dan kasih pada asasnya, serta benar dan suci. Hal ini kerana anak-anak Tuhan yang sebegitu mengasihi Tuhan dan mentaati kehendak-Nya.

Apabila Israel mentaati perintah-perintah Tuhan dan menyembah-Nya, Dia mengangkat darjat mereka jauh lebih tinggi daripada umat-umat lain di seluruh dunia. Sebaliknya, apabila orang Israel menyembah berhala dan cepat mengabaikan perintah-perintah Tuhan, mereka mengalami pelbagai azab dan malapetaka seperti peperangan dan bencana alam serta dalam tahanan.

Melalui setiap langkah proses tersebut, orang Israel belajar merendahkan diri di hadapan Tuhan, dan setiap kali mereka merendahkan diri mereka, Tuhan memulihkan mereka dengan mencurahkan belas kasihan dan kasih yang tidak putus-putus ke atas mereka dan membawa mereka ke pangkuan kasih kurnia-Nya.

Apabila Raja Salomo mengasihi Tuhan dan mentaati perintah-perintah-Nya, dia menikmati kemuliaan dan kemasyhuran yang hebat tetapi apabila raja itu mula menjauhkan diri daripada Tuhan dan menyembah berhala, kemuliaan dan kemasyhuran yang dinikmatinya berkurangan. Apabila raja-raja Israel seperti Daud, Yosafat, dam Hizkia mentaati perintah-perintah Tuhan, negara tersebut menjadi kuat dan makmur, tetapi kembali lemah dan berhadapan dengan serangan kuasa asing sewaktu diperintahkan oleh raja-raja yang mengabaikan perintah-perintah Tuhan.

Sejarah Israel dengan jelas mendedahkan kehendak Tuhan dengan cara ini dan berfungsi mencerminkan kehendak Tuhan kepada semua manusia dan negara. Kehendak-Nya mengisytiharkan bahawa apabila manusia yang diciptakan dalam imej Tuhan mentaati perintah-perintah-Nya dan disucikan menurut firman-Nya, mereka akan menerima rahmat Tuhan dan hidup dalam perkenan-Nya.

Israel dipilih untuk mendedahkan rencana Tuhan dalam kalangan semua negara dan umat manusia, dan telah menerima rahmat yang melimpah dengan menyembah-Nya sebagai bangsa imam yang bertanggungjawab ke atas firman Tuhan. Walaupun rakyatnya berdosa, Tuhan memaafkan dosa-dosa mereka dan memulihkan mereka selagi mereka bertaubat dengan rendah hati, sama seperti yang telah dijanjikan-Nya kepada nenek moyang mereka.

Paling utama daripada segalanya, rahmat terhebat yang dijanjikan oleh Tuhan dan telah dikhaskan kepada umat pilihan-Nya ialah janji kemuliaan yang menakjubkan bahawa Mesias akan muncul daripada kalangan mereka.

Nenek Moyang Hebat

Sepanjang sejarah panjang umat manusia, Tuhan telah melindungi Israel dengan sayap-Nya dan mengutuskan lelaki-lelaki pilihan Tuhan pada waktu-waktu yang telah ditakdirkan supaya nama Israel tidak hilang. Lelaki-lelaki pilihan Tuhan tersebut ialah mereka yang tampil sebagai buah-buah yang baik selaras dengan rencana pemupukan umat manusia dan mentaati firman Tuhan dengan mengasihi-Nya. Tuhan telah menyediakan asas bagi bangsa Israel melalui nenek moyang Israel yang hebat.

Abraham, Bapa Iman

Abraham telah ditandai sebagai bapa iman disebabkan keimanan dan ketaatannya, dan dia akan menerajui sebuah bangsa yang hebat. Dia dilahirkan kira-kira empat ribu tahun yang lalu di kota Ur di Kasdim, dan selepas dia dipanggil oleh Tuhan dia memenangi kasih dan pengiktirafan Tuhan sehingga yang dipanggil sebagai "kawan" Tuhan.

Tuhan memanggil Abraham dan berjanji seperti berikut:

Tinggalkanlah negerimu, kaum keluargamu, dan

rumah bapamu; pergilah ke negeri yang akan Aku tunjukkan kepadamu. Aku akan memberi engkau keturunan yang banyak dan mereka akan menjadi satu bangsa yang besar. Aku akan memberkati engkau dan menjadikan namamu termahsyur, sehingga engkau menjadi berkat bagi bangsa-bangsa (Kejadian 12:1-2).

Pada waktu itu, Abraham bukan lagi seorang lelaki muda, dan tidak mempunyai waris, serta tidak mengetahui ke mana dia harus pergi; oleh itu, tidak mudah untuk dia mematuhi. Walaupun dia tidak mengetahui arah tujunya, Abraham terus mara kerana dia mempercayai sepenuhnya firman Tuhan yang tidak pernah memungkiri janji-Nya. Oleh itu, Abraham hidup berpandukan iman dalam setiap perkara yang dilakukannya, dan sewaktu hayatnya dia menerima semua berkat yang telah dijanjikan oleh Tuhan.

Abraham bukan sahaja menunjukkan ketaatan yang sempurna dan amalan-amalan beriman kepada Tuhan tetapi sentiasa melakukan kebaikan serta berdamai dengan orang-orang di sekelilingnya.

Sebagai contoh, ketika Abraham meninggalkan Haran menurut perintah Tuhan, Lot iaitu anak saudaranya pergi bersamanya. Apabila harta benda mereka bertambah banyak, Abraham dan Lot tidak lagi dapat terus tinggal di tanah yang sama. Kekurangan padang rumput dan air membawa kepada *"pertengkaran berlaku antara para gembala Abram dan para gembala Lot"* (Kejadian 13:7). Walaupun Abraham jauh lebih tua, dia tidak meminta atau mendesak keuntungan dirinya. Dia mengalah kepada Lot anak saudaranya dalam memilih tanah yang lebih baik. Dia berkata kepada Lot dalam Kejadian 13:9, *"Oleh itu sebaiknya kita berpisah. Pilihlah bahagian tanah yang kamu suka. Jika kamu pergi ke sebelah sini, aku akan pergi ke sebelah sana."*

Dan kerana Abraham adalah seorang yang bersih hatinya, dia tidak mengambil seutas benang atau tali kasut atau apa-apa yang merupakan milik orang lain (Kejadian 14:23). Apabila Tuhan memberitahu dia bahawa bandar-bandar Sodom dan Gomora yang berleluasa dosanya akan dimusnahkan, Abraham, seorang lelaki yang dipenuhi kasih rohaniah, merayu kepada Tuhan dan Tuhan berjanji bahawa Dia tidak akan memusnahkan Sodom jika terdapat sepuluh orang beriman di bandar itu.

Kebaikan dan iman Abraham sempurna sehingga ke tahap dia mentaati perintah Tuhan apabila dia diminta mempersembahkan nyawa anak lelaki tunggalnya sebagai korban bakaran.

Dalam Kejadian 22:2, Tuhan memerintah Abraham, *"Pergilah ke tanah Moria dengan Ishak, anakmu yang tunggal, yang sangat engkau kasihi. Di situ, di sebuah gunung yang akan Kutunjukkan kepadamu, persembahkanlah anakmu sebagai korban untuk menyenangkan hati-Ku."*

Ishak ialah anak Abraham yang dilahirkan ketika dia berusia seratus tahun. Sebelum Ishak dilahirkan, Tuhan telah memberitahu Abraham bahawa zuriatnya sendiri akan menjadi warisnya dan mempunyai keturunan sebanyak bintang. Andainya Abraham mengikuti fikiran duniawi, dia tidak mungkin dapat mentaati perintah Tuhan dan mempersembahkan Ishak. Namun, Abraham menuruti perintah itu dengan serta merta tanpa bertanyakan sebarang alasan.

Pada saat Abraham menghulurkan tangan untuk mengorbankan Ishak setelah membina mazbah, malaikat Tuhan bersuara kepadanya dan berkata, *"Abraham, Abraham! Jangan sakiti anak itu, jangan lakukan apa-apa terhadapnya. Sekarang Aku tahu bahawa engkau menghormati dan mentaati Aku, kerana engkau tidak enggan menyerahkan anakmu yang tunggal kepada-Ku"* (Kejadian 22:11-12). Betapa diberkati dan mengharukan adegan ini!

Disebabkan dia tidak pernah bergantung kepada pemikiran duniawi, tiada konflik atau keresahan di dalam hati Abraham dan dia hanya dapat mentaati perintah Tuhan dengan iman. Dia meletakkan seluruh kepercayaannya kepada Tuhan yang setia yang pastinya menunaikan segala yang telah dijanjikan-Nya, Tuhan maha kuasa yang membangkitkan mereka yang telah mati, dan Tuhan maha pengasih yang ingin memberikan anak-anak-Nya hanya perkara-perkara yang baik. Disebabkan hati Abraham hanya ada ketaatan dan menunjukkan amalan yang beriman, Tuhan menerima Abraham sebagai bapa iman.

"Aku bersumpah demi nama-Ku sendiri; kerana engkau sudah melakukan hal ini dan tidak enggan menyerahkan anakmu yang tunggal kepada-Ku, Aku

berjanji akan memberkati engkau dengan berlimpah-
limpah dan menjadikan keturunanmu sebanyak
bintang di langit dan sebanyak pasir di pantai laut.
Keturunanmu akan mengalahkan musuh mereka.
Semua bangsa di dunia akan memohon kepada-Ku
supaya Aku memberkati mereka sebagaimana Aku
telah memberkati keturunanmu, kerana engkau sudah
mentaati perintah-Ku" (Kejadian 22:16-18).

Disebabkan Abraham memiliki kebaikan dan iman hebat
yang menyenangkan Tuhan, dia digelar "kawan" Tuhan dan
dianggap sebagai bapa iman. Selain itu, dia menjadi bapa segala
bangsa dan sumber segala berkat sepertimana yang dijanjikan
oleh Tuhan kepadanya ketika Tuhan mula-mula memanggilnya,
"Aku akan memberkati orang yang memberkati engkau dan
mengutuk orang yang mengutuk engkau. Melalui engkau, Aku
akan memberkati semua bangsa di bumi" (Kejadian 12:3).

Rencana Tuhan Melalui Yakub, Bapa Israel, dan Yusuf Pengelamun

Ishak dilahirkan kepada Abraham bapa iman dan dua orang
anak lelaki Esau dan Yakub dilahirkan kepada Ishak. Tuhan
memilih Yakub, yang hatinya lebih baik daripada adiknya ketika
dia masih berada di dalam kandungan ibunya. Yakub pada
kemudian hari akan digelar "Israel" dan menjadi asal bangsa
Israel dan bapa Dua Belas Suku Kaum.

Sehingga dia sanggup membeli hak kelahiran abangnya Esau dengan bubur kacang merah dan merampas berkat abangnya Esau dengan menipu bapanya Ishak, Yakub tidak sabar-sabar mengingini berkat Tuhan serta perkara-perkara rohani. Yakub mempunyai ciri-ciri penipu di dalam dirinya tetapi Tuhan tahu bahawa sekali Yakub telah berubah, dia akan menjadi sebuah bejana yang hebat. Untuk sebab itu, Tuhan membenarkan dua puluh tahun dugaan pada Yakub supaya dirinya akan pasrah dan merendahkan hati.

Apabila Yakub merampas hak kelahiran abangnya Esau dengan cara yang licik, Esau cuba membunuhnya dan Yakub terpaksa melarikan diri daripada Esau. Setelah semua itu, Yakub pergi tinggal bersama bapa saudaranya, Laban dan menjaga biri-biri dan kambing. Dia terpaksa bekerja keras menjaga biri-biri dan kambing bapa saudaranya. Oleh itu, dia mengaku dalam Kejadian 31:40, *"Seringkali saya kepanasan pada waktu siang dan kesejukan pada waktu malam; kerap kali saya tidak dapat tidur pula."*

Tuhan membalas setiap individu berdasarkan apa dilakukan oleh mereka, Dia melihat Yakub melakukannya dengan setia, dan memberkatinya dengan kekayaan yang hebat. Apabila Tuhan mengarahkan dia untuk pulang ke tanah kelahirannya, Yakub meninggalkan Laban dan berangkat pulang bersama keluarga dan hartanya. Apabila sampai di Sungai Yabok, Yakub terdengar bahawa abangnya Esau sedang menunggu di seberang sungai bersama-sama dengan 400 orang lelaki.

Yakub tidak dapat pulang ke rumah Laban disebabkan

dia telah berjanji dengan pakciknya. Dia juga tidak dapat menyeberangi sungai dan mara kerana Esau sedang berkobar-kobar dengan api dendam. Disebabkan berada dalam keadaan yang sukar, Yakub tidak lagi mengharapkan kebijaksanaannya tetapi menyerahkan segala-galanya kepada Tuhan dengan berdoa. Setelah membuang sepenuhnya sebarang pemikirannya, Yakub benar-benar tekun memohon dengan berdoa kepada Tuhan sehingga sendi pinggulnya terkehel.

Yakub bergomol dengan Tuhan dan menang, jadi Tuhan memberkatinya dengan berkata, *"Namamu bukan Yakub lagi. Engkau telah bergomol dengan Tuhan serta manusia, dan engkau sudah menang; kerana itu sekarang namamu Israel"* (Kejadian 32:28). Kemudian Yakub juga dapat berbaik semula dengan abangnya Esau.

Sebab Tuhan memilih Yakub adalah kerana dia begitu gigih dan ikhlas menghadapi dugaan, dia mampu menjadi bejana yang hebat dan memainkan peranan yang penting dalam sejarah Israel.

Yakub mempunyai dua belas anak lelaki dan dua belas anak lelaki itu menyediakan asas untuk membentuk bangsa Israel. Walau bagaimanapun, mereka hanya sekadar suku kaum, Tuhan merancang untuk meletakkan mereka di dalam kawasan sempadan Mesir, yang merupakan negara yang sangat kuat, sehingga keturunan Yakub dapat bangsa yang hebat.

Rancangan ini berhasil daripada kasih Tuhan yang ingin melindungi mereka daripada bangsa-bangsa lain. Orang yang telah diamanahkan dengan tugas hebat ini ialah Yusuf yang merupakan anak kesebelas Yakub.

Antara dua belas orang anaknya, Yakub lebih berpihak kepada Yusuf dan memakainya dengan jubah pelbagai warna dan lain-lain. Yusuf menjadi sasaran perasaan iri hati dan benci adik beradiknya yang lain dan dia dijual menjadi hamba abdi di Mesir ketika dia berumur tujuh belas tahun. Tetapi Yusuf tidak pernah merungut ataupun berdendam terhadap adik beradiknya.

Yusuf telah dijual ke rumah Potifar, pegawai Firaun, ketua pengawal istana. Di situ dia tekun dan setia bekerja dan disukai dan dipercayai oleh Potifar. Oleh itu, Yusuf menjadi penyelia di rumah Potifar dan diamanahkan dengan segala-galanya di dalam rumah itu.

Namun, timbul satu masalah. Yusuf seorang yang kacak dan tegap tubuh badannya dan mula digoda oleh isteri tuannya. Yusuf seorang yang lurus dan seikhlasnya takut kepada Tuhan, jadi apabila wanita itu menggodanya, dia dengan berani berkata, *"Bagaimanakah mungkin saya melakukan perbuatan sejahat itu dan berdosa terhadap Tuhan?"* (Kejadian 39:9)

Setelah semua tuduhan isteri Potifar yang tidak munasabah itu, akhirnya Yusuf dipenjarakan di mana para banduan raja dikurung. Walaupun di penjara, Tuhan sentiasa bersama dengan Yusuf dan memberkatinya, tidak lama kemudian Yusuf diamanahkan dengan 'segala-galanya yang dilakukan' di dalam penjara.

Melalui pengalaman-pengalaman seperti itu, Yusuf dapat memperolehi kebijaksanaan yang membolehkannya kemudian dapat mentadbirkan sebuah negara, membentukkan pendirian-pendirian politiknya, dan menjadi bejana yang dapat menerima ramai orang di dalam hatinya.

Setelah menterjemahkan mimpi-mimpi Firaun dan menawarkan penyelesaian-penyelesaian yang bijaksana kepada masalah-masalah yang bakal dihadapi oleh Firaun dan rakyatnya, Yusuf menjadi penguasa Mesir (yang kedua berkuasa) selepas Firaun. Oleh itu, dengan rencana Tuhan yang hebat dan melalui pelbagai dugaan yang diberikan kepada Yusuf, Tuhan meletakkan Yusuf pada jawatan gabenor pada umur 30 tahun di dalam salah sebuah negara yang paling kuat pada masa itu.

Sama seperti Yusuf telah meramalkan mimpi-mimpi Firaun, tujuh tahun kebuluran melanda termasuklah Mesir, dan disebabkan dia telah membuat persediaan terlebih dahulu, Yusuf dapat menyelamatkan semua penduduk Mesir. Adik-beradik Yusuf datang ke Mesir mencari makanan, bersatu kembali dengan Yusuf dan ahli keluarga yang lain tidak lama selepas itu berpindah ke Mesir di mana mereka hidup dalam kemakmuran dan dari situ lahirlah negara Israel.

Musa: Seorang Pemimpin Hebat yang Menjadikan Keluaran Suatu Kenyataan.

Selepas tinggal di Mesir, keturunan Israel meningkat dalam bilangan dan dalam kemakmuran dan tidak lama kemudian meningkat sehingga cukup ramai untuk membentuk sebuah negara mereka sendiri.

Apabila seorang raja baru, yang tidak mengenal Yusuf, naik takhta, dia mula berwaspada terhadap kemakmuran dan kekuatan keturunan Israel. Raja itu dan para pegawai istana mula membuatkan kehidupan orang-orang Israel menderita dengan bekerja keras dalam projek-projek pembinaan dan pelbagai jenis kerja-kerja buruh di ladang, dan semua kerja buruh yang kerap dikenakan kepada mereka (Keluaran 1:13-14).

Walau bagaimanapun, *"Tetapi semakin keras orang Mesir menindas orang Israel, semakin banyak pula bilangan mereka, dan mereka tersebar luas di seluruh negeri itu, sehingga orang Mesir takut kepada mereka"* (Keluaran 1:12). Firaun kemudian mengarahkan semua anak lelaki Israel dibunuh sebaik sahaja dilahirkan. Setelah mendengar seruan orang Israel meminta bantuan akibat perhambaan mereka, Tuhan teringat perjanjian-Nya dengan Abraham, Ishak, dan Yakub.

Aku akan memberikan tanah ini kepadamu dan keturunanmu; tanah yang sekarang engkau diami sebagai orang asing. Seluruh tanah Kanaan akan menjadi kepunyaan keturunanmu selama-lamanya, dan Aku akan menjadi Tuhan mereka (Kejadian 17:8).

Negeri yang telah Aku berikan kepada Abraham dan Ishak, akan Kuberikan kepadamu dan keturunanmu (Kejadian 35:12).

Demi menamatkan seksaan orang-orang Israel dan membawa mereka ke tanah Kanaan, Tuhan menyediakan seorang lelaki yang akan mentaati perintah-Nya tanpa sebarang ragu atau menyoal dan memimpin rakyat-Nya dengan seluruh hati-Nya. Individu itu ialah Musa. Ibu bapa Musa menyembunyikannya selama tiga bulan selepas dia dilahirkan, tetapi apabila mereka tidak lagi dapat menyembunyikannya, mereka meletakkannya di dalam bakul yang dibuat daripada gelagah (yang dipakal dengan gala-gala dan minyak supaya tidak dapat dimasuki air) dan bakul tersebut diletakkan di tengah-tengah rumpun gelagah di tebing Sungai Nil. Apabila anak perempuan Firaun menemui anak itu di dalam bakul gelagah dan membuat keputusan untuk memelihara anak itu sebagai miliknya sendiri, kakak bayi itu yang berdiri tidak jauh untuk melihat apa yang akan berlaku kepada bayi itu, mencadangkan supaya puteri itu mengambil ibu kandung bayi tersebut sebagai pengasuh.

Oleh itu Musa telah dibesarkan di istana diraja oleh ibu kandungnya sendiri, jadi dia membesar sambil secara langsung mempelajari tentang Tuhan dan orang Israel, bangsanya sendiri.

Pada satu hari, dia melihat lelaki Ibrani yang sebangsa dengannya sedang dipukul oleh orang Mesir, dan disebabkan berang dia akhirnya membunuh orang Mesir itu. Apabila hal ini diketahui umum, Musa melarikan diri daripada kehadiran Firaun dan menetap di negeri Midian. Dia menggembala biri-biri selama empat puluh tahun, dan ini merupakan sebahagian daripada rencana Tuhan yang ingin cuba mengajar Musa menjadi ketua Keluaran.

Pada waktu yang dipilih oleh Tuhan, Dia memanggil Musa dan mengarahkannya untuk memimpin orang-orang Israel keluar dari Mesir dan memasuki tanah Kanaan, suatu tanah yang kaya dan subur. Oleh kerana Firaun mempunyai hati yang sangat keras, dia enggan mendengar perintah Tuhan yang disampaikan melalui Musa. Akibatnya, Tuhan menimpakan Sepuluh Bencana ke atas Mesir dan secara paksa membawa keluar orang Israel dari tanah Mesir.

Hanya selepas mengalami kematian anak sulung mereka barulah Firaun dan kaumnya berlutut di hadapan Tuhan dan orang Israel dibebaskan daripada perhambaan. Tuhan sendiri membimbing orang Israel setiap langkah perjalanan mereka; Tuhan membelah Laut Gelagah supaya mereka dapat menyeberangi atas tanah kering. Ketika mereka kehabisan air untuk diminum, Tuhan membenarkan mata air keluar daripada sebuah batu dan apabila mereka tiada makanan, Tuhan menghantar manna dan burung puyuh. Tuhan melakukan mukjizat dan keajaiban melalui Musa untuk memastikan kelangsungan hidup jutaan orang Israel yang di padang gurun selama empat puluh tahun.

Tuhan yang maha setia membawa orang Israel ke tanah Kanaan melalui Yosua, pengganti Musa. Tuhan menolong Yosua dan kaumnya untuk menyeberangi Sungai Yordan dengan cara

Tuhan dan membenarkan mereka menakluki kota Yerikho. Dan dengan cara-Nya sendiri, Tuhan membolehkan mereka menakluk dan memiliki kebanyakan tanah Kanaan yang berlimpah dengan susu dan madu.

Sudah tentu, penaklukan Kanaan bukan sahaja berkat Tuhan bagi orang Israel tetapi juga hasil daripada penghakiman benar-Nya terhadap penduduk Kanaan yang rosak akhlak dengan dosa dan kejahatan. Para penduduk tanah Kanaan menjadi begitu rosak akhlak sehingga mereka harus dihakimi, dan dalam penghakiman-Nya, Tuhan membimbing orang Israel untuk merampas tanah tersebut.

Seperti yang difirmankan Tuhan kepada Abraham, *"Selepas empat generasi, keturunanmu akan kembali ke sini, kerana Aku tidak akan mengusir orang Amori sebelum mereka menjadi terlalu jahat sehingga harus dihukum"* (Kejadian 15:16), Waris Abraham, Yakub dan anak-anak lelakinya meninggalkan Kanaan menuju ke Mesir, dan mendiami tempat itu, kemudian keturunan mereka pulang ke tanah Kanaan.

Daud Mengasaskan Israel yang Kuat

Setelah penaklukan tanah Kanaan, Tuhan berkuasa ke atas Israel melalui para hakim dan nabi sewaktu Zaman Para Hakim dan kemudiannya Israel menjadi sebuah kerajaan. Sewaktu pemerintahan Raja Daud yang mengasihi Tuhan melebihi segala-galanya, asas-asas sebagai sebuah negara telah ditetapkan.

Pada zaman remajanya, Daud membunuh seorang pahlawan

Filistin yang hebat hanya dengan ali-alinya dan sebiji batu dan sebagai penghargaan khidmatnya di medan peperangan Daud telah diangkat darjatnya lebih tinggi daripada askar-askar lain dalam tentera Raja Saul. Apabila Daud pulang ke rumah setelah mengalahkan tentera Filistin, ramai wanita menyanyikan puji-pujian yang berbunyi, "Raja Saul membunuh beribu-ribu orang musuh, tetapi Daud membunuh berpululh-puluh ribu orang musuh." Dan semua rakyat Israel mula menyayangi Daud. Raja Saul membuat pelbagai rancangan untuk membunuh Daud disebabkan rasa cemburu.

Dalam usaha-usaha Saul yang nekad, Daud mempunyai dua peluang untuk membunuh raja itu tetapi enggan kerana Saul telah diurapi oleh Tuhan sendiri. Dia hanya berbuat baik kepada raja itu. Dalam satu kejadian, Daud sujud hormat dengan mukanya di tanah, meniarapkan dirinya, dan berkata kepada Raja Saul, *"Lihatlah, ayahanda! Lihatlah potongan jubah tuanku yang hamba pegang ini! Sebenarnya hamba dapat membunuh tuanku, tetapi hamba hanya memotong sedikit tepi jubah tuanku. Hal ini membuktikan bahawa hamba tidak bermaksud jahat ataupun derhaka. Tuanku mengejar-ngejar hamba untuk membunuh hamba, meskipun hamba tidak bersalah sedikit pun terhadap tuanku"* (1 Samuel 24:12).

Daud, seorang lelaki yang memiliki hati yang menyerupai hati Tuhan, mengerjakan kebaikan dalam semua perkara walau setelah menjadi raja. Semasa pemerintahannya, Daud memerintah kerajaannya dengan adil dan mengukuhkan kerajaan. Disebabkan Tuhan bersama-sama dengan raja itu,

Daud memenangi peperangan-peperangan menentang negara-negara jiran seperti orang Filistin, Moab, Amalek, Amon, dan Edom. Dia memperluaskan wilayah Israel dan harta rampasan serta hantaran diraja hanya memperkayakan perbendaharaan kerajaan Daud. Selaras dengan hal itu, Daud menikmati tempoh kemakmuran.

Daud juga memindahkan Tabut Perjanjian Tuhan kepada Yerusalem, menetapkan prosedur-prosedur mempersembahkan korban, dan memperkuatkan iman kepada Tuhan. Raja itu juga mengasaskan Yerusalem sebagai pusat politik dan agama kerajaannya dan membuat semua persediaan untuk Rumah TUHAN yang akan dibina semasa pemerintahan anaknya, Raja Salomo.

Sepanjang seluruh sejarahnya, Israel merupakan negara yang paling kuat dan masyhur sewaktu pemerintahan Raja Daud, dan Raja Daud amat dikagumi oleh rakyatnya dan memberikan kemuliaan yang besar kepada Tuhan. Yang paling utama, betapa hebatnya Daud sebagai nenek moyang sehinggakan Mesias akan datang daripada keturunannya?

Elia Membawa Hati Orang Israel Kembali kepada Tuhan

Anak Raja Daud, Salomo menyembah berhala di zaman tuanya dan kerajaan telah berpecah kepada dua selepas kematiannya. Antara dua belas suku kaum Israel, sepuluh membentuk Kerajaan Israel di utara manakala suku kaum yang selebihnya membentuk Kerajaan Yehuda di selatan.

Di Kerajaan Israel, Nabi Amos dan Hosea mendedahkan kehendak Tuhan kepada orang ramai manakala Nabi Yesaya dan Yeremia melakukan melakukan pekerjaan di Kerajaan Yehuda. Pada bila-bila masa yang ditentukan oleh Tuhan, Tuhan mengutuskan nabi-nabi dan melaksanakan kehendak-Nya melalui mereka. Salah seorang antara mereka ialah Nabi Elia. Elia menjalankan pekerjaannya semasa pemerintahan Raja Ahab di kerajaan utara.

Pada zaman Elia, permaisuri bukan Yahudi, Jezebel membawa Baal (berhala) ke Israel dan penyembahan berhala berleluasa di seluruh negara. Misi pertama yang dilaksanakan oleh nabi Elia adalah memberitahu Raja Ahab bahawa hujan tidak akan turun di Israel selama tiga setengah tahun disebabkan hukuman Tuhan kerana mereka menyembah berhala.

Apabila diberitahu bahawa raja dan permaisuri cuba membunuhnya, Elia melarikan diri ke Sarfat, yang dimiliki Sidon. Dia diberikan sedikit roti oleh seorang balu di sana, dan sebagai balasan kebaikannya, Elia memberikan berkat yang menakjubkan terhadap balu ini, dan bekas tepung dan minyaknya tidak akan pernah kosong sehinggalah kebuluran hampir tamat. Kemudian, Elia juga menghidupkan semula anak lelaki balu ini.

Di atas Gunung Karmel, Elia bertempur dengan 450 orang nabi Baal dan 400 orang nabi Asyera dan menurunkan api

Tuhan dari langit. Untuk mengubah hati orang Israel supaya tidak menyembah berhala dan memimpin mereka kembali kepada Tuhan, Elia membaiki mazbah Tuhan, menuangkan air di atas persembahan di mazbah, dan berdoa dengan bersungguh-sungguh kepada Tuhan.

"Ya TUHAN, Tuhan Abraham, Ishak dan Yakub, sekarang buktikanlah bahawa Engkau Tuhan Israel dan bahawa aku hamba-Mu. Buktikanlah juga bahawa aku melakukan semua ini menurut perintah-Mu. Jawablah aku, ya TUHAN. Jawablah aku supaya umat ini tahu bahawa Engkau, ya TUHAN ialah Tuhan, dan bahawa Engkau sedang membawa mereka kembali kepada-Mu." Kemudian TUHAN menurunkan api dari langit dan membakar korban itu bersama dengan kayu api, batu, dan tanah sehingga air di parit itu kering. Apabila umat nampak kejadian itu, mereka bersujud sambil berkata, "TUHAN ialah Tuhan; TUHAN satu-satunya Tuhan!" Lalu Elia memberikan perintah, "Tangkaplah nabi-nabi Baal; jangan biar seorang pun melarikan diri!" Mereka menangkap semua nabi itu. Elia membawa mereka ke Sungai Kison lalu membunuh mereka* (1 Raja-raja 18:36-40).

Selain itu, Elia menurunkan hujan dari langit selepas tiga setengah tahun kemarau, menyeberang Sungai Yordan seolah-olah berjalan di atas tanah kering dan bernubuat tentang perkara yang bakal berlaku. Dengan menunjukkan kuasa Tuhan yang menakjubkan, Elia mengakui Tuhan yang hidup dengan jelas.

2 Raja-raja 2:11 menyatakan, *"Mereka [Elia dan Elisa] terus bercakap-cakap sambil meneruskan perjalanan. Tiba-tiba sebuah kereta kuda berapi yang ditarik oleh beberapa kuda berapi memisahkan mereka, lalu Elia diangkat ke syurga oleh angin puting beliung."* Disebabkan Elia amat menyenangkan hati Tuhan dengan tahap imannya yang paling besar, dan menerima kasih serta pengiktirafan Tuhan, Nabi ini naik ke syurga tanpa berhadapan dengan kematian.

Daniel Menunjukkan Keagungan Tuhan Kepada Sekalian Bangsa

250 tahun selepas itu, kira-kira tahun 605 SM, pada tahun ketiga pemerintahan Raja Yoyakim, Yerusalem jatuh ke tangan penjajah Raja Nebukadnezar dari Babilonia dan ramai ahli keluarga diraja Kerajaan Yehuda dijadikan tawanan.

Sebagai sebahagian daripada polisi perundingan damai Nebukadnezar, raja mengarahkan Aspenas, ketua pegawai istananya, untuk membawa beberapa orang anak muda Israel, termasuklah beberapa orang daripada keluarga diraja dan bangsawan, anak muda yang tiada cacat cela dan tampan, serta bijak dari segala segi, mempunyai pemahaman dan penilaian pengetahuan, serta mampu berkhidmat di istana raja. Raja kemudian mengarahkannya untuk mengajar mereka membaca dan menulis bahasa Babilonia dan antara anak muda ini adalah Daniel (Daniel 1:3-4).

Namun, Daniel membuat keputusan untuk tidak mencemarkan dirinya dengan makanan pilihan raja atau minum wain seperti raja, dan meminta kebenaran daripada ketua pegawai supaya dia tidak mencemarkan dirinya (Daniel 1:8). Walaupun dia ialah tawanan perang, Daniel menerima berkat Tuhan kerana dia amat takut akan Tuhan dalam setiap aspek hidup. Tuhan memberikan Daniel dan kawan-kawannya pengetahuan dan kepakaran dalam setiap aspek kesusasteraan dan falsafah. Daniel malah mempunyai kebolehan untuk mentafsirkan pelbagai jenis penglihatan dan mimpi (Daniel 1:17).

Itu sebabnya dia terus mendapat penghargaan daripada raja walaupun kerajaan telah berubah. Melihatkan semangat Daniel yang teguh, Raja Darius dari Persia berhasrat melantiknya menjadi penguasa seluruh kerajaan. Kemudian, sekumpulan pegawai istana cemburu dengan Daniel dan mula mencari alasan untuk menuduhnya berkenaan hal ehwal kerajaan. Tetapi mereka tidak mempunyai alasan untuk menuduh atau bukti kesalahan.

Apabila mereka mengetahui bahawa Daniel berdoa kepada Tuhan sebanyak tiga kali sehari, para pengawas dan gabenor menghadap raja dan menggesa baginda untuk menetapkan undang-undang bahawa sesiapa yang berdoa kepada Tuhan atau manusia selain raja selama sebulan, dia akan dihumbankan ke dalam gua singa. Daniel tidak berganjak, walaupun dia akan kehilangan reputasi, kedudukan tinggi dan kehidupannya apabila dihumban ke dalam gua singa, berhadapan dengan Yerusalem, seperti yang telah dilakukannya sebelum ini.

Dengan arahan raja, Daniel dihumban ke dalam gua singa tetapi sebab Tuhan menghantar malaikat-Nya dan menutup mulut singa, Daniel tidak cedera langsung. Selepas mengetahui hal ini, Raja Darius menulis surat kepada rakyat, daripada semua bangsa, kaum dan bahasa di dunia agar mereka menyanyikan puji-pujian dan memberikan keagungan kepada Tuhan:

Dengan ini beta memberikan perintah agar semua orang di seluruh kerajaan beta menghormati serta takut kepada Tuhan yang disembah Daniel. Dialah Tuhan yang hidup, Dia memerintah selama-lamanya. Kerajaan-Nya tidak sekali-kali akan binasa, dan kuasa-Nya tidak akan ada akhirnya. Dia menolong dan menyelamatkan; melakukan mukjizat dan keajaiban, baik di bumi mahupun di syurga. Dia menyelamatkan Daniel daripada terkaman singa (Daniel 6:27-28).

Selain bapa iman yang dekat dengan Tuhan seperti yang disebutkan di atas, tidak cukup kertas dan pen untuk menerangkan amalan keimanan Gideon, Barak, Simson, Yefta, Samuel, Yesaya, Yeremia, Yehezkiel, tiga kawan Daniel, Ester, dan semua nabi yang disebutkan dalam Alkitab.

Nenek Moyang Iman Hebat Bagi Semua Bangsa di Dunia

Sejak hari-hari awal bangsa Israel, Tuhan sendiri telah mengawal dan mengemudi hala tuju sejarahnya. Setiap kali Israel berhadapan dengan krisis, Tuhan menyelamatkan mereka melalui nabi yang disediakan-Nya, dan memandu hala sejarah Israel. Oleh itu, tidak seperti bangsa lain, sejarah Israel telah berlaku menurut kehendak Tuhan dari zaman Abraham dan akan terus berlaku menurut perancangan Tuhan sehingga akhir zaman.

Untuk Tuhan memilih dan menggunakan bapa iman dari kalangan orang Israel untuk rencana dan rancangan-Nya, bukan hanya untuk bangsa pilihan-Nya, Israel, tetapi juga untuk semua manusia di mana sahaja yang beriman kepada Tuhan.

Keturunannya akan menjadi bangsa yang besar dan berkuasa, dan Aku akan memberkati semua bangsa di bumi kerana dia (Kejadian 18:18).

Tuhan mahukan "semua bangsa di dunia," untuk menjadi anak Abraham dengan iman dan menerima berkat Abraham. Dia tidak menyimpan berkat hanya untuk umat pilihan-Nya, Israel. Tuhan berjanji kepada Abraham dalam Kejadian 17:4-5 bahawa dia akan menjadi bapa kepada banyak bangsa, dan dalam Kejadian 12:3 bahawa semua keluarga di dunia akan diberkati melaluinya dan dalam Kejadian 22:17-18 bahawa semua bangsa di dunia akan diberkati dengan benihnya. Selain itu, melalui sejarah Israel, Tuhan telah membuka jalan supaya semua bangsa di dunia akan tahu bahawa hanya TUHAN merupakan Tuhan sebenar, melayani-Nya, dan menjadi anak Tuhan yang mengasihi-Nya.

Aku bersedia mengabulkan doa umat-Ku, tetapi mereka tidak berdoa kepada-Ku. Aku bersedia ditemui oleh mereka, tetapi mereka tidak cuba mencari Aku. Bangsa ini tidak berdoa kepada-Ku, walaupun Aku sentiasa bersedia menjawab, 'Inilah Aku' (Yesaya 65:1).

Tuhan menetapkan bapa-bapa iman dan memimpin serta mengatur sejarah Israel secara peribadi untuk membenarkan orang bukan Yahudi dan umat pilihannya Israel untuk memanggil nama-Nya. Tuhan telah mencapai sejarah pemupukan manusia sehingga itu, tetapi kini Dia mengatur satu lagi rancangan hebat supaya Dia dapat mengaplikasikan rencana pemupukan manusia untuk orang bukan Yahudi juga. Itulah sebabnya apabila masa yang ditetapkan tiba, Tuhan menghantar Anak-Nya ke tanah Israel bukan hanya sebagai Mesias untuk Israel tetapi untuk seluruh umat manusia.

Israel: Umat Pilihan Tuhan

Orang yang Mengakui Yesus Kristus

Melalui sejarah pemupukan manusia, Israel adalah pusat pemenuhan (penggenapan) rencana Tuhan. Tuhan menyerlahkan Diri-Nya kepada bapa-bapa iman, berjanji kepada mereka tentang perkara yang akan berlaku, dan memenuhi janji ini. Dia juga memberitahu orang Israel bahawa Mesias akan datang daripada kaum Yehuda dan rumah Daud dan akan menyelamatkan semua bangsa di dunia.

Oleh itu, Israel telah menunggu kedatangan Mesias yang telah dinubuatkan dalam Perjanjian Lama. *Mesias itu ialah Yesus Kristus.* Tentu sekali, orang yang beriman dalam agama Yahudi tidak mengakui Yesus sebagai anak Tuhan dan Mesias, sebaliknya mereka masih menantikan kedatangan-Nya.

Walau bagaimanapun, Mesias yang dinantikan oleh orang Israel dan Mesias yang dirujuk dalam keseluruhan Bab ini adalah orang yang sama.

Apa yang dikatakan oleh orang tentang Yesus Kristus? Jika anda meneliti nubuat tentang Mesias dan pemenuhannya (penggenapannya), dan kelayakan Mesias, anda akan yakin bahawa Mesias yang ditunggu-tunggu oleh Israel tidak lain dan tidak bukan adalah Yesus Kristus.

Paulus, Penganiaya Yesus Kristus yang Akhirnya Menjadi Rasul-Nya

Paulus dilahirkan di Tarsus, Kilikia, di negara Turki hari ini, kira-kira 2,000 tahun lalu, dan nama kelahirannya ialah Saulus. Saulus disunatkan pada hari kelapan selepas kelahirannya, bangsa Israel, dari puak Benyamin, dan seorang Ibrani daripada Ibrani. Saulus tidak berdosa, menurut kebenaran yang berada dalam Hukum. Dia juga dididik oleh Gamaliel, seorang guru Hukum yang dihormati semua orang. Dia hidup berdasarkan hukum bapanya dan mempunyai kewarganegaraan Empayar Rom yang merupakan negara paling berkuasa di dunia pada masa itu. Secara ringkasnya, Saulus tidak kekurangan apa-apa pun dari segi keluarga, keturunan, pengetahuan, kekayaan atau kuasa.

Sebab dia mengasihi Tuhan melebihi segala-galanya, Saulus dengan giat menghukum pengikut-pengikut Yesus Kristus. Hal ini kerana dia mendengar bahawa orang Kristian mengakui Yesus yang disalib adalah Anak Tuhan dan Penyelamat, dan Yesus dibangkitkan semula pada hari ketiga pengebumian-Nya, dan Saulus menganggap hal ini kufur terhadap Tuhan.

Saulus juga berpendapat bahawa pengikut Yesus Kristus memberikan ancaman kepada agama Yahudi Farisi yang dianutinya dengan tekun. Atas alasan ini, Saulus dengan tanpa berbelas kasihan menghukum dan memusnahkan gereja, dan mengetuai usaha menangkap orang yang percaya kepada Yesus Kristus.

Dia memenjarakan ramai orang Kristian dan membuat

undian apabila mereka dibunuh. Dia juga menghukum orang yang percaya kepada Yesus di dalam semua rumah ibadat, cuba memaksa mereka untuk kufur terhadap Yesus Kristus di sana, dan terus mengejar mereka sehingga ke bandar lain. Kemudian, Saulus mengalami suatu peristiwa yang menyebabkan hidupnya berubah. Dalam perjalanan ke Damsyik, tiba-tiba cahaya dari langit memancar di sekelilingnya.

"Saulus, Saulus! Mengapa engkau menganiaya Aku?"

"Siapakah tuan?"

"Aku Yesus, yang engkau aniaya."

Saulus bangun dari tanah, tetapi dia tidak dapat melihat apa-apa: orang yang seperjalanan dengannya membawa dia ke Damsyik. Dia tinggal di sana selama tiga hari tanpa dapat melihat. Dia tidak makan dan tidak minum. Selepas kejadian ini, Yesus muncul dalam satu penglihatan kepada seorang pengikut bernama Ananias.

Bersiap-siaplah dan pergilah ke rumah Yudas di Jalan Lurus. Bertanyalah tentang seorang bernama Saulus dari kota Tarsus. Dia sedang berdoa, dan dalam penglihatan, dia melihat seorang lelaki bernama Ananias datang meletakkan tangan padanya supaya dia boleh melihat semula ... Pergilah, kerana Aku sudah memilih dia untuk mengabdikan diri kepada-Ku, supaya dia memberitakan nama-

Ku kepada bangsa-bangsa bukan Yahudi, raja-raja, dan umat Israel. Semua penderitaan yang harus dialaminya kerana Aku, akan Aku tunjukkan kepadanya (Kisah Para Rasul 9:11-12, 15-16).

Apabila Ananias meletakkan tangan dan berdoa untuk Saulus, tiba-tiba sesuatu seperti sisik ikan jatuh daripada mata Saulus dan dia dapat melihat semula. Selepas bertemu Yesus, Saulus menyedari dosanya dan memberi nama baru kepada dirinya "Paulus," yang bermaksud "orang kecil." Sejak itu, Paulus dengan berani berdakwah kepada orang bukan Yahudi tentang Tuhan yang hidup dan ajaran Yesus Kristus.

Saudara-saudaraku, kamu harus tahu bahawa Berita Baik yang aku khabarkan itu tidak berasal daripada manusia. Aku tidak menerima Berita itu daripada manusia. Tiada seorang pun mengajarkannya kepadaku. Yesus Kristus sendirilah yang menyatakan Berita Baik itu kepadaku. Tentu kamu telah mendengar tentang kehidupanku dahulu sebagai penganut agama Yahudi. Kamu mengetahui betapa kejamnya aku menganiaya jemaat Tuhan, dan dengan segala upaya aku berusaha untuk membinasakan mereka. Aku lebih maju daripada kebanyakan orang Yahudi yang sebaya dengan aku dalam hal mengamalkan agama Yahudi. Aku sangat taat kepada adat istiadat nenek moyang kita. Tetapi oleh sebab rahmat-Nya, Tuhan memilih aku sebelum aku dilahirkan dan memanggil aku untuk mengabdikan diri kepada-Nya. Tuhan menunjukkan Anak-Nya kepadaku supaya aku dapat mengkhabarkan Berita Baik tentang Anak-Nya kepada orang bukan Yahudi. Pada masa itu aku tidak minta nasihat daripada sesiapa pun. Aku tidak pergi ke Yerusalem untuk berjumpa dengan mereka yang telah menjadi rasul terlebih dahulu daripadaku. Sebaliknya aku segera pergi ke negeri Arab dan kemudian kembali ke Damsyik (Galatia 1:11-17).

Walaupun selepas bertemu Tuhan Yesus Kristus dan menyampaikan ajaran Yesus Kristus, Paulus menderita banyak kesengsaraan yang tidak dapat digambarkan dengan kata-kata. Paulus sering mendapati dirinya bekerja lebih keras, lebih sering dipenjarakan, lebih sering disesah, selalu berada dalam bahaya, sering tidak tidur, sering kelaparan dan kehausan, kesejukan dan tidak mempunyai tempat tinggal (2 Korintus 11:23-27).

Dia dengan mudah boleh hidup senang dan makmur dengan status, kuasa, pengetahuan dan kebijaksanaan tetapi Paulus mengorbankan semuanya dan menyerahkan semua yang dia ada kepada Yesus.

Aku ini rasul yang paling tidak penting. Sebenarnya aku tidak layak disebut rasul, kerana aku sudah menganiaya jemaah Tuhan. Tetapi kerana rahmat

Tuhan, aku menjadi seperti sekarang ini dan berkat-Nya kepadaku tidak sia-sia. Sebaliknya aku bekerja lebih keras daripada semua rasul yang lain. Sebenarnya hal itu bukan usahaku sendiri, tetapi usaha Tuhan yang mengasihi aku dan yang bekerja bersama-samaku (1 Korintus 15:9-10).

Paulus dapat membuat pengakuan berani ini kerana dia telah mempunyai pengalaman yang jelas bertemu Yesus Kristus. Yesus bukan sahaja bertemu Paulus dalam perjalanan ke Damsyik malah mengesahkan kehadiran-Nya dengan Paulus, dengan cara menunjukkan kerja yang berkuasa dan menakjubkan.

Tuhan melakukan mukjizat yang luar biasa melalui tangan Paulus, supaya sapu tangan atau kain yang pernah dipakai oleh Paulus dibawa kepada orang sakit, dan penyakit meninggalkan mereka serta roh jahat keluar. Paulus juga menghidupkan semula seorang anak muda bernama Eutikhus apabila dia jatuh daripada tingkat ketiga dan mati serta-merta. Menghidupkan semula orang mati mustahil dapat dilakukan tanpa kuasa Tuhan.

Perjanjian Lama menyebutkan bahawa Nabi Elia menghidupkan semula anak lelaki seorang balu di Sarfat dan Nabi Elisa menghidupkan semula anak lelaki seorang wanita ternama di Sunem. Sebagaimana ditulis oleh Pemazmur dalam Mazmur 62:12, *"Beberapa kali aku telah mendengar Tuhan berfirman bahawa kuasa berasal daripada-Nya,"* kuasa Tuhan diberikan kepada orang yang beriman.

Semasa tiga lawatan mubalighnya, Paulus menciptakan asas

ajaran Yesus Kristus yang akan disampaikan kepada seluruh dunia dengan membina gereja di banyak tempat di Asia dan Eropah, termasuklah Asia Kecil dan Greece. Jadi, jalan telah dibuka di mana ajaran Yesus Kristus akan dapat disampaikan ke serata ceruk dunia dan banyak jiwa akan dapat diselamatkan.

Petrus Menunjukkan Kuasa yang Hebat dan Menyelamatkan Banyak Jiwa

Apa yang dapat kita ceritakan tentang Petrus, yang menerajui usaha untuk menyampaikan ajaran kepada orang Yahudi? Dia merupakan seorang nelayan biasa sebelum bertemu Yesus, tetapi selepas dia dipanggil oleh Yesus dan menyaksikan sendiri perkara menakjubkan yang dilakukan oleh Yesus, Petrus menjadi salah seorang pengikut-Nya yang terbaik.

Apabila Petrus menyaksikan Yesus menunjukkan jenis dan besarnya kuasa yang tidak dapat ditiru manusia lain, termasuklah menyembuhkan orang buta, menyembuhkan orang lumpuh, menghidupkan orang mati, melihat Yesus melakukan perkara-perkara baik, dan menyaksikan Yesus menutup kelemahan dan kesilapan orang lain, Petrus dapat percaya, "Sesungguhnya Dia datang dari Tuhan." Dalam Matius 16 kita dapati pengakuannya.

Yesus bertanyakan kepada para pengikut-Nya, *"Tetapi menurut kamu, siapakah Aku ini?"* (ayat 15) Dan Petrus menjawab, *"Guru ialah Penyelamat yang diutus oleh Tuhan, Anak Tuhan Yang Hidup"* (ayat 16).

Kemudian, sesuatu yang tidak dapat dibayangkan berlaku kepada Petrus yang berani membuat pengakuan seperti di atas. Petrus juga mengaku kepada Yesus sewaktu makan malam yang terakhir, *"Meskipun semua yang lain meninggalkan Guru, saya tidak akan berbuat demikian!"* (Matius 26:33) Tetapi pada malam Yesus ditangkap dan disalib, Petrus menyangkal sebanyak tiga kali bahawa dia mengenali Yesus, disebabkan rasa takut akan kematian.

Selepas Yesus dibangkitkan dan naik ke syurga, Petrus menerima Roh Kudus dan berubah dengan cara yang amat menakjubkan. Dia mengabdikan seluruh kehidupannya untuk menyebarkan ajaran Yesus Kristus tanpa takut akan kematian.. Pada suatu hari, 3,000 orang bertaubat dan dibaptiskan apabila dia dengan berani mengakui Yesus Kristus. Malah di hadapan para pemimpin Yahudi mengancam untuk membunuhnya, dia dengan berani mengakui bahawa Yesus Kristus ialah Tuhan dan Penyelamat kita.

"Hendaklah setiap orang di kalangan saudara bertaubat daripada dosa, lalu dibaptis demi nama Yesus Kristus, supaya dosa saudara-saudara diampunkan lalu saudara semua akan menerima pemberian Tuhan, iaitu Roh Tuhan. Tuhan menjanjikan hal itu untuk saudara-saudara dan keturunan saudara semua, serta untuk semua orang di tempat-tempat yang jauh – iaitu sesiapa sahaja yang dipanggil oleh Tuhan kita supaya datang kepada-

Nya" (Kisah Para Rasul 2:38-39).

"Yesuslah yang dimaksudkan oleh ayat ini di dalam Alkitab, 'Batu yang kamu, pembina bangunan buang, ternyata menjadi batu yang paling utama.' Hanya melalui Yesus orang diselamatkan, kerana di seluruh dunia tiada orang lain yang mendapat kekuasaan daripada Tuhan untuk menyelamatkan kita" (Kisah Para Rasul 4:11-12).

Petrus menunjukkan kuasa Tuhan dengan melakukan banyak tanda dan mukjizat. Di Lida, Petrus menyembuhkan seorang lelaki yang lumpuh selama lapan tahun, dan di bandar berdekatan, Yope, dia menghidupkan semula Tabita yang jatuh sakit dan telah meninggal dunia. Petrus juga menyembuhkan orang lumpuh sehingga dia dapat berjalan, menyembuhkan orang yang menderitai pelbagai jenis penyakit, dan mengusir roh-roh jahat.

Kuasa Tuhan bersama-sama Petrus sehinggakan orang ramai membawa orang sakit di jalanan dan membaringkan mereka di atas katil dan tilam kerana mereka mengharapkan apabila Petrus lalu di jalan, sekurang-kurangnya bayang-bayang Petrus akan terkena pada mana-mana antara orang sakit itu (Kisah Para Rasul 5:15).

Selain itu, Tuhan memberitahu Petrus melalui penglihatan bahawa Berita Baik perlu dikhabarkan kepada orang bukan

Yahudi. Suatu hari, apabila Petrus naik ke atas bumbung rumah untuk berdoa, dia berasa lapar dan teringin makan sesuatu. Semasa makanan sedang disediakan, Petrus mendapat suatu penglihatan dan melihat langit terbuka, dan satu objek seperti kain lebar turun ke bumi. Di dalamnya ada semua jenis binatang berkaki empat, binatang menjalar yang merayap di dunia, dan burung-burung liar (Kisah Para Rasul 10:9-12). Petrus kemudian mendengar suatu suara.

"Petrus, bangunlah! Sembelihlah binatang itu dan makanlah!" (ayat 13) *"Tidak, Tuhan! Aku belum pernah makan apa-apa yang haram atau najis"* (ayat 14) *"Jangan anggap haram apa yang sudah dinyatakan halal oleh Tuhan"* (ayat 15).

Perkara itu berlaku sebanyak tiga kali, dan segala-galanya terangkat kembali ke langit. Petrus tidak memahami mengapa Tuhan memerintahkannya untuk memakan sesuatu yang dianggap "tidak bersih/najis" berdasarkan Hukum Musa. Semasa Petrus memikirkan penglihatan itu, Roh Tuhan memberitahunya, *"Tiga orang sedang mencari kamu. Cepatlah turun ke bawah dan jangan ragu-ragu mengikut mereka, kerana Aku yang menyuruh mereka datang"* (Kisah Para Rasul 10:19-20). Ketiga-tiga lelaki itu datang bagi pihak orang bukan Yahudi, Kornelius, yang menjemput Petrus datang ke rumahnya.

Melalui penglihatan, Tuhan memberitahu Petrus bahawa Dia mahukan belas ihsan-Nya disebarkan walaupun kepada orang bukan Yahudi, dan menggesa Petrus supaya menyebarkan ajaran Yesus Kristus kepada mereka. Petrus amat bersyukur kepada Yesus yang mengasihinya sehingga ke akhir dan mempercayakannya dengan tugas suci sebagai rasul-Nya, walaupun dia menyangkal Yesus sebanyak tiga kali, dan mengorbankan nyawanya untuk memimpin banyak jiwa ke jalan penyelamatan, dan mati syahid.

Rasul Yohanes Meramalkan Hari Kiamat melalui Pendedahan Yesus Kristus

Yohanes dahulunya ialah nelayan di Galilea, tetapi selepas dia dipanggil oleh Yesus, Yohanes selalu berjalan bersama-Nya dan menyaksikan tanda dan mukjizat yang dilakukan oleh Yesus. Yohanes menyaksikan Yesus menukarkan air menjadi wain di sebuah majlis perkahwinan di Kana, menyembuhkan ramai orang sakit termasuklah seorang yang telah sakit selama 38 tahun, mengusir roh jahat, dan mencelikkan mata orang buta. Yohanes juga menyaksikan Yesus berjalan di atas air dan menghidupkan semula Lazarus yang telah mati selama empat hari.

Yohanes mengikut Yesus semasa Yesus mengalami transfigurasi (wajah-Nya bersinar seperti matahari, dan pakaian-Nya menjadi putih seperti cahaya) dan bercakap dengan Musa dan Elia di atas puncak gunung (sila rujuk Lukas 9:28-29). Walaupun semasa Yesus menghembuskan nafas terakhir-Nya di atas salib, Yohanes mendengar Yesus bercakap kepada Maria dan dia: *"Puan, dia anak puan"*(Yohanes 19:26). *"Dia ibumu!"* (Yohanes 19:27)

Dengan kata-kata ketiga terakhir ini yang diucapkan oleh Yesus di atas salib, dari segi fizikal Yesus menenangkan Maria yang telah mengandungkan dan melahirkan-Nya tetapi dari segi rohani, Dia memberitahu manusia bahawa semua orang yang percaya adalah adik, abang, kakak dan ibu.

Yesus tidak pernah merujuk kepada Maria sebagai "ibu." Memandangkan Yesus, Anak Tuhan ialah Tuhan, tiada sesiapa dapat melahirkan-Nya dan Dia tidak mempunyai ibu. Sebab Yesus memberitahu Yohanes, *"Dia ibumu!"* adalah kerana Yohanes perlu berkhidmat kepada Maria seperti ibunya. Sejak itu Yohanes membawa Maria ke rumahnya sendiri dan melayannya seperti ibu.

Selepas Yesus dibangkitkan dan diangkat ke syurga, Yohanes dengan tekun menyebarkan ajaran Yesus Kristus bersama dengan para rasul yang lain walaupun sentiasa diancam oleh orang Yahudi. Melalui penyebaran ajaran mereka secara bersungguh-sungguh, Gereja Awal mengalami kebangkitan yang luar biasa, tetapi pada masa yang sama para rasul sering kali diancam oleh penganiayaan.

Rasul Yohanes dibicarakan dalam Majlis Agama orang Yahudi dan kemudiannya dihumban ke dalam minyak yang mendidih oleh Maharaja Rom, Domitian. Tetapi Yohanes tidak cedera langsung dengan kuasa dan rencana Tuhan, maharaja menghalaunya ke pulau Patmos di Laut Mediterranean. Di sana, Yohanes berkomunikasi dengan Tuhan melalui doa dan dengan inspirasi Roh Kudus serta bimbingan malaikat, dia melihat banyak penglihatan yang mendalam dan mencatatkan wahyu berkenaan Yesus Kristus.

Kitab ini mengandungi peristiwa-peristiwa yang dinyatakan oleh Yesus Kristus. Tuhan memberitahukannya kepada Kristus, dan Kristus menunjukkan apa yang segera harus berlaku itu kepada hamba-hamba Tuhan. Kristus mengutus malaikat-Nya untuk memberitahu Yohanes, hamba-Nya semua peristiwa itu (Wahyu 1:1).

Dengan inspirasi Roh Kudus, Rasul Paulus menulis secara terperinci perkara yang akan berlaku pada akhir zaman supaya semua orang akan menerima Yesus sebagai Penyelamat mereka dan menyediakan diri mereka untuk menerima-Nya sebagai Raja segala raja dan Penguasa segala penguasa semasa Kedatangan-Nya yang Kedua.

Ahli Gereja Awal Berpegang Teguh kepada Iman Mereka

Apabila Yesus naik ke syurga, Dia berjanji kepada pengikut-Nya bahawa Dia akan kembali dengan cara yang sama mereka melihat Dia naik ke syurga.

Ramai orang yang menyaksikan kebangkitan semula dan kenaikan Yesus ke syurga menyedari bahawa mereka juga mampu bangkit semula dan tidak lagi takut kepada kematian. Itulah sebabnya mereka dapat hidup sebagai saksi-Nya walaupun berhadapan dengan ancaman dan penindasan pemerintah dunia dan hukuman yang sering kali mengorbankan nyawa mereka.

Bukan sahaja pengikut Yesus yang berkhidmat kepada-Nya semasa Dia menyampaikan ajaran, tetapi sejumlah besar orang menjadi mangsa singa di Koloseum di Rom, yang dipancung, disalib dan dibakar. Namun, mereka semua berpegang teguh iman terhadap Yesus Kristus.

Apabila penghukuman terhadap orang Kristian bertambah teruk, ahli Gereja Awal bersembunyi di katakom di Rom, yang dikenali sebagai "tempat pengebumian bawah tanah." Hidup mereka sukar: seperti tidak hidup sama sekali. Oleh sebab mereka mempunyai kasih yang mendalam terhadap Yesus, mereka tidak takut dengan apa-apa jenis ujian dan seksaan.

Sebelum agama Kristian diakui secara rasmi di Rom, penindasan terhadap orang Kristian amat kejam dan tidak dapat dibayangkan. Kewarganegaraan mereka dirampas, Alkitab dan gereja dibakar, dan pemimpin dan pekerja gereja ditangkap, diseksa dengan kejam dan dibunuh.

Polycarp di gereja Smirna di Asia Kecil mempunyai hubungan dengan Rasul Yohanes. Polycarp ialah seorang biskop yang berdedikasi. Semasa dia ditangkap oleh pihak berkuasa Rom dan berhadapan dengan Gabenor, dia tidak menidakkan keimanannya.

"Aku tidak mahu memalukan kamu. Perintahkan supaya orang Kristian itu dibunuh dan aku akan membebaskan engkau. Kutuklah Kristus!"

"Selama 86 tahun aku telah menjadi hamba-Nya, dan Dia tidak pernah melakukan apa-apa kesalahan terhadapku. Bagaimana aku dapat kufur terhadap Raja yang telah menyelamatkanku?"

Mereka cuba untuk membakarnya sampai mati, tetapi sebab ia gagal, Polycarp biskop Smirna mati sebagai syahid selepas ditikam. Apabila ramai Kristian lain menyaksikan dan mendengar kisah keimanan dan kesyahidan Polycarp, mereka memahami Derita Yesus Kristus dengan lebih mendalam, dan memilih jalan kesyahidan untuk diri mereka sendiri.

Saudara-saudara orang Israel! Fikirkan baik-baik apa yang hendak saudara-saudara lakukan terhadap semua orang itu. Beberapa waktu dahulu, Teudas muncul dan menganggap dirinya seorang pemimpin yang besar. Kira-kira empat ratus orang mengikut dia. Tetapi dia terbunuh, lalu semua pengikutnya tercerai-cerai, dan pergerakannya lenyap. Setelah itu, Yudas, orang dari Galilea pun muncul pada masa pembancian. Dia mempengaruhi banyak orang, tetapi dia juga terbunuh, lalu semua pengikutnya tercerai-cerai. Oleh itu tentang perkara ini sekarang, saya cadangkan supaya jangan ambil tindakan apa-apa terhadap semua orang itu. Biarkan mereka pergi. Jika apa yang dicadangkan dan dilakukan mereka itu daripada manusia, maka semuanya akan lenyap. Tetapi jika semua itu datang daripada Tuhan, saudara-saudara tidak akan dapat mengalahkan mereka. Malah mungkin akan ternyata bahawa saudara-saudara melawan Tuhan (Kisah Para Rasul 5:35-39).

Seperti yang diingatkan oleh Gamaliel kepada orang Israel ini, ajaran Yesus Kristus yang datang daripada Tuhan sendiri tidak dapat ditumbangkan. Akhirnya, pada 313 Masihi, Maharaja Constantine mengakui agama Kristian sebagai agama rasmi empayarnya dan ajaran Yesus Kristus mula disebarkan ke seluruh dunia.

Pengakuan tentang Yesus yang Dicatatkan Dalam Laporan Pilatus

Antara dokumen sejarah dari zaman Empayar Rom, ada sebuah manuskrip berkenaan kebangkitan semula Yesus, yang ditulis oleh Pontius Pilatus, Gabenor Rom bagi wilayah Yudea pada zaman Yesus, dan dihantar kepada Maharaja.

Berikut ialah petikan mengenai kejadian kebangkitan semula Yesus daripada "Laporan Pilatus kepada Kaisar berkenaan Penahanan, Penghakiman, dan Penyaliban Yesus," yang kini disimpan di Hagia Sophia di Istanbul, Turki.

Beberapa hari selepas makamnya kosong, pengikut-Nya mengumumkan ke seluruh negara bahawa Yesus

telah hidup semula, seperti yang telah diramalkan-Nya. Hal ini menyebabkan orang ramai lebih teruja berbanding semasa penyaliban. Saya sendiri tidak pasti apakah kebenarannya, tetapi saya telah membuat sedikit penyiasatan berkaitan hal ini; supaya tuanku dapat menilai sendiri, dan melihat sama ada saya bersalah, seperti yang dikatakan oleh Herod.

Yusuf menguburkan Yesus dalam kuburnya sendiri. Sama ada dia mempertimbangkan kebangkitan semula Yesus, saya tidak pasti. Sehari selepas Dia dikebumikan, salah seorang paderi datang ke rumah ibadat dan menyatakan bahawa mereka khhuatir para pengikut-Nya akan cuba mencuri jasad-Nya dan menyembunyikannya, dan kemudian membuatkan supaya ia kelihatan seperti Yesus telah hidup semula, seperti yang Dia sendiri ramalkan, yang mana pengikut-Nya begitu yakin.

Saya menyuruh paderi bertemu kapten pengawal diraja (Malcus) dan menyuruhnya meletakkan seberapa ramai askar Yahudi di sekitar makam; jadi jika sesuatu berlaku mereka akan menyalahkan diri sendiri dan bukan orang Rom.

Apabila berita tersebar tentang makam yang kosong, saya semakin bertambah risau. Saya memanggil seorang lelaki bernama Islam, yang menceritakan perkara yang berikut. Mereka melihat cahaya lembut dan indah di sekitar makam. Dia pada mulanya, berfikir bahawa para wanita telah datang untuk mengawet mayat Yesus, seperti mana adat mereka, tetapi dia tidak tahu bagaimana mereka dapat melepasi para pengawal. Semasa dia memikirkan hal ini, seluruh kawasan itu bercahaya terang dan kelihatan orang-orang yang telah mati berkumpul, dengan memakai pakaian pengebumian mereka.

Mereka menjerit dan penuh kegembiraan, sementara di sekeliling dan di atas ada muzik yang paling merdu pernah didengarinya berkumandang dan seluruh angkasa dipenuhi suara memuji Tuhan. Pada waktu ini, bumi bergegar dan dia kelihatan seperti sakit dan pengsan dan dia tidak dapat berdiri. Dia berkata bahawa bumi seolah-olah beralun, dan derianya seolah-olah telah hilang, oleh itu dia tidak tahu apa yang telah berlaku.

Seperti yang kita baca dalam Matius 27:51-53, *"Bumi bergoncang, gunung batu terbelah, kubur terbuka, dan banyak umat Tuhan yang sudah meninggal dihidupkan semula. Mereka meninggalkan kubur, dan setelah Yesus bangkit daripada kematian, mereka masuk ke Yerusalem. Di sana banyak orang nampak mereka,"* pengawal-pengawal Rom juga memberikan pengakuan yang sama.

Selepas mencatatkan pengakuan pengawal-pengawal Rom yang menyaksikan fenomena rohani ini, Pilatus menyatakan pada penamat laporannya, "Saya hampir mahu mengakui: 'Benarlah ini Anak Tuhan.'"

Ramai Saksi bagi Yesus Kristus

Bukan sahaja pengikut=pengikut Yesus yang berkhidmat kepada-Nya semasa Dia menyampaikan ajaran yang menjadi saksi ajaran Yesus Kristus. Seperti yang dikatakan oleh Yesus dalam Yohanes 14:13, *"Aku akan melakukan apa sahaja yang kamu minta demi nama-Ku, supaya kemuliaan Bapa akan dinyatakan melalui Anak-Nya,"* ramai saksi menerima jawapan Tuhan bagi doa mereka dan mengakui kewujudan Tuhan yang hidup serta Yesus Kristus sejak kebangkitan dan kenaikan-Nya ke syurga.

Tetapi kamu akan menerima kuasa, apabila Roh Tuhan datang kepada kamu. Lalu kamu akan menjadi saksi-saksi-Ku di Yerusalem, di seluruh Yudea, dan Samaria, serta sampai ke hujung bumi (Kisah Para Rasul 1:8).

Saya menerima Yesus selepas disembuhkan dengan kuasa Tuhan daripada semua penyakit saya, yang mana sains perubatan tidak dapat melakukan apa-apa untuk menyembuhkannya. Kemudian, saya ditahbiskan sebagai hamba Tuhan Yesus Kristus dan telah menyebarkan ajaran kepada semua manusia dan menunjukkan tanda dan mukjizat.

Seperti yang dijanjikan dalam ayat di atas, ramai orang telah menjadi anak Tuhan dengan menerima Roh Kudus dan menyerahkan kehidupan mereka untuk menyebarkan ajaran Yesus Kristus dengan kuasa Roh Kudus. Itulah caranya ajaran disebarkan ke seluruh dunia dan tidak terkira banyaknya orang pada hari ini bertemu dengan Tuhan yang hidup dan menerima Yesus Kristus.

Pergilah ke seluruh dunia dan khabarkanlah Berita Baik daripada Tuhan kepada seluruh umat manusia. Orang yang percaya dan dibaptis akan selamat, tetapi orang yang tidak percaya akan dihukum. Kepada mereka yang percaya akan diberikan tanda-tanda ini: Mereka akan mengusir roh jahat demi nama-Ku; mereka akan berkata-kata dalam bahasa yang tidak diketahui. Jika mereka memegang ular atau meminum racun, mereka tidak akan mendapat celaka. Jika mereka meletakkan tangan pada orang sakit, orang sakit akan sembuh (Markus 16:15-18).

Gereja Makam Suci di Golgota, Bukit Kalvari, di Yerusalem

Bab 2

Mesias yang Diutus oleh Tuhan

Tuhan Menjanjikan Mesias

Israel telah banyak kali kedaulatan dan terpaksa berhadapan dengan pencerobohan dan penjajahan daripada Parsi dan Rom. Melalui para nabi-Nya, Tuhan memberikan janji tentang Mesias yang akan datang sebagai Raja Israel. Tiada sumber harapan yang paling baik bagi orang Israel yang menderita selain janji-janji Tuhan tentang Mesias.

Seorang anak telah dilahirkan bagi kita! Dia akan menjadi pemimpin kita. Dia akan disebut "Penasihat Bijaksana", "Tuhan Perkasa", "Bapa Kekal", "Raja Damai." Kekuasaan-Nya akan terus bertambah; pemerintahan-Nya akan sentiasa aman. Dia akan memerintah sebagai ganti Raja Daud, pemerintahan-Nya akan berdasarkan hukum dan keadilan dari sekarang hingga akhir zaman. TUHAN Yang Maha Kuasa pasti melakukan segala perkara ini (Yesaya 9:5-6).

TUHAN berfirman, "Masanya akan tiba apabila Aku melantik seorang raja yang adil daripada keturunan Daud. Raja itu akan memerintah dengan bijaksana, dan melakukan apa yang adil dan benar di seluruh negeri.

Mesias yang Diutus oleh Tuhan

*Apabila dia menjadi raja, orang Yehuda akan selamat,
dan orang Israel akan hidup dengan damai. Raja itu
akan disebut 'Tuhan Penyelamat Kita'"* (Yeremia 23:5-6).

*Bersukacitalah, hai penduduk Sion! Bersoraklah,
hai penduduk Yerusalem! Lihatlah, raja kamu datang!
Dia datang dengan kemegahan dan kemenangan,
tetapi dengan kerendahan hati, dia datang dengan
menunggang keldai, dengan mengenderai anak
keldai yang muda. TUHAN berfirman, Aku akan
melenyapkan kereta kuda dari Israel, dan juga kuda di
Yerusalem; busur yang digunakan dalam peperangan
akan dimusnahkan. Raja kamu akan mengadakan
perdamaian antara bangsa-bangsa; kerajaannya
terbentang dari laut ke laut, dari Sungai Efrat sampai
ke hujung bumi* (Zakharia 9:9-10).

Israel masih lagi menunggu Mesias sehingga hari ini. Apakah
yang melambatkan kedatangan Mesias yang ditunggu-tunggu
dan diharapkan oleh Israel? Ramai orang Yahudi yang mahukan
jawapan kepada persoalan ini, tetapi jawapannya adalah, mereka
tidak tahu bahawa Mesias sudahpun tiba.

Yesus Mesias Menderita, Seperti yang Dinubuatkan oleh Yesaya

Mesias yang dijanjikan Tuhan oleh Israel dan telah dihantar-

Nya ialah Yesus. Yesus dilahirkan di Betlehem di Yudea 2,000 tahun lalu dan apabila masanya tiba, Yesus mati di atas salib, dan membuka jalan penyelamatan untuk semua manusia. Namun, orang Yahudi pada masa itu, tidak mengakui Yesus sebagai Mesias yang dinanti-nantikan oleh mereka. Hal ini kerana Yesus berbeza daripada imej Mesias yang dijangkakan oleh mereka.

Orang Yahudi mula bosan dengan penjajahan yang telah berlangsung lama, dan mengharapkan seorang Mesias yang berpengaruh untuk menyelamatkan mereka daripada masalah politik. Mereka fikir Mesias akan datang sebagai Raja Israel, menghentikan peperangan, menyelamatkan mereka daripada peperangan dan tekanan, memberikan mereka keamanan sebenar, dan menjadikan mereka bangsa yang paling ulung.

Namun, Yesus tidak datang ke dunia dengan kemegahan dan keagungan seperti seorang raja tetapi dilahirkan sebagai anak seorang tukang kayu yang miskin. Dia malah tidak datang untuk membebaskan Israel daripada penjajahan Rom atau mengembalikannya ke zaman kegemilangannya. Dia datang ke dunia untuk menyelamatkan manusia yang menuju ke jalan kemusnahan sejak dosa Adam dan menjadikan mereka anak Tuhan.

Atas sebab ini, orang Yahudi tidak mengakui Yesus sebagai Mesias, malah menyalib-Nya. Jika kita mengkaji gambaran Mesias seperti yang dicatatkan dalam Alkitab, kita akan mengetahui bahawa Mesias ialah Yesus.

TUHAN menghendaki hamba-Nya membesar seperti tunas yang tumbuh di tanah gersang. Rupanya tidak elok ataupun tampan, sehingga kita tidak tertarik kepadanya. Tiada apa-apa padanya yang menarik hati, yang membuat kita mengingini dia. Kita menghina dan menolak dia, dia menderita kesengsaraan dan kesakitan. Tidak seorang pun hendak memandang dia; kita pun tidak mempedulikan dia (Yesaya 53:2-3).

Tuhan memberitahu orang Israel bahawa Mesias, Raja Israel, tidak akan mempunyai kedudukan agung atau perwatakan yang menarik kita tetapi Dia akan dibenci dan tidak dipedulikan oleh manusia. Namun, orang Israel gagal mengenali Yesus sebagai Mesias yang telah dijanjikan Tuhan untuk mereka.

Dia dibenci dan dilupakan oleh umat pilihan Tuhan, Israel, tetapi Tuhan meletakkan Yesus Kristus di atas semua bangsa dan tidak terkira banyaknya orang sehingga hari ini telah menerima-Nya sebagai Penyelamat mereka.

Seperti yang tertulis dalam Mazmur 118:22-23, *"Batu yang dibuang pembina-pembina itu telah menjadi batu yang paling utama. Inilah perbuatan TUHAN; sungguh mengagumkan bagi kita!,"* rencana penyelamatan manusia telah dicapai oleh Yesus yang ditinggalkan oleh Israel.

Yesus tidak kelihatan seperti Mesias seperti yang diharapkan oleh orang Israel, tetapi kita faham bahawa Yesus ialah Mesias yang telah dinubuatkan oleh Tuhan melalui para nabi-Nya.

Segala-galanya termasuk keagungan, damai dan pemulihan yang Tuhan janjikan kepada kita melalui Mesias adalah berkenaan dunia rohani dan Yesus yang datang ke dunia ini untuk menjalankan tugas Mesias berkata, *"Pemerintahan-Ku bukan dari dunia ini"* (Yohanes 18:36).

Mesias yang dinubuatkan oleh Tuhan bukanlah raja yang mempunyai kuasa dan keagungan dunia. Mesias tidak datang ke dunia supaya anak-anak Tuhan dapat menikmati kekayaan, reputasi, dan kehormatan dalam kehidupan mereka yang sementara di dunia ini. Dia datang untuk menyelamatkan kaum-Nya daripada dosa mereka dan memimpin mereka untuk menikmati kegembiraan dan keagungan abadi di syurga selama-lamanya.

Suatu hari akan tiba apabila seorang raja keturunan Raja Daud akan menjadi tanda kepada bangsa-bangsa. Mereka akan datang kepadanya, dan bangsanya sendiri akan menjadi mahsyur (Yesaya 11:10).

Mesias yang dijanjikan bukanlah datang hanya untuk kaum pilihan Tuhan, Israel, tetapi juga memenuhi janji penyelamatan bagi semua orang yang menerima janji Tuhan berkenaan Mesias dengan keimanan, mengikut jejak keimanan Abraham. Secara ringkasnya, Mesias akan datang untuk memenuhi janji penyelamatan daripada Tuhan, sebagai Mesias bagi semua bangsa di dunia.

Perlunya Penyelamat bagi Manusia

Mengapakah Mesias akan datang ke dunia bukan hanya untuk penyelamatan kaum Israel, tetapi juga semua manusia?

Dalam Kejadian 1:28, Tuhan memberkati Adam dan Hawa dan memberitahu mereka, *"Hendaklah kamu mempunyai anak cucu yang banyak, supaya keturunan kamu menduduki seluruh bumi dan menguasainya. Hendaklah kamu menguasai semua ikan, burung, dan binatang liar."* Selepas menciptakan manusia pertama, Adam, dan melantiknya sebagai penghulu segala makhluk, Tuhan memberikan manusia kuasa untuk "menduduki" dan "menguasai" bumi. Tetapi apabila Adam makan daripada pokok pengetahuan kebaikan dan kejahatan, yang telah dilarang secara khusus oleh Tuhan, dan melakukan dosa keingkaran disebabkan godaan ular yang diperdaya oleh Iblis, Adam tidak lagi dapat menikmati kuasa ini.

Apabila mereka mematuhi firman kebenaran Tuhan, Adam dan Hawa adalah hamba kepada kebenaran dan menikmati kuasa yang diberikan olehTuhan kepada mereka, tetapi selepas mereka berdosa, mereka menjadi hamba dosa dan kejahatan, dan terpaksa melepaskan kuasa itu (Roma 6:16). Oleh itu, semua kuasa yang Adam terima daripada Tuhan telah diserahkan kepada Iblis.

Dalam Lukas 4, Iblis cuba menggoda Yesus sebanyak tiga

kali, semasa Dia baru selesai berpuasa selama 40 hari. Iblis menunjukkan Yesus semua kerajaan di dunia dan berkata kepada-Nya, *"Aku akan memberikan segala kekuasaan dan kekayaan ini kepada-Mu. Semuanya ini telah diberikan kepadaku dan aku berhak memberikannya kepada sesiapa sahaja yang aku suka. Semua ini akan menjadi milik-Mu, jika Engkau sujud menyembah aku"* (Lukas 4:6-7). Iblis menyatakan bahawa "segala kekuasaan dan kekayaan" telah "diberikan kepadanya" daripada Adam dan Iblis juga mampu menyerahkannya kepada orang lain.

Ya, Adam hilang segala kuasa dan menyerahkannya kepada Iblis, dan kesannya Dia menjadi hamba Iblis. Sejak itu Adam telah menambah dosa demi dosa di bawah kawalan Iblis, dan berada di jalan kematian, yang merupakan balasan dosa. Hal ini tidak berhenti dengan Adam tetapi diperturunkan kepada keturunannya yang mewarisi dosa asal Adam melalui pengaruh keturunan. Mereka juga berada di bawah kuasa dosa yang dikawal oleh Iblis dan roh jahat yang akan menuju kematian.

Inilah sebabnya Mesias perlu datang. Bukan hanya umat pilihan Tuhan, Israel, tetapi semua manusia di dunia memerlukan Mesias yang mampu menyelamatkan mereka daripada kuasa Iblis dan roh jahat.

Kelayakan-kelayakan Mesias

Sama seperti ada undang-undang di dunia ini, dunia rohani juga mempunyai peraturan dan hukum tersendiri. Sama ada seseorang akan termasuk ke jalan kematian atau menerima pengampunan bagi dosanya dan mendapat penyelamatan bergantung kepada hukum dunia rohani.

Apakah kelayakan yang perlu untuk menjadi Mesias untuk menyelamatkan manusia daripada sumpahan Hukum?

Peruntukan berkenaan kelayakan Mesias dicatatkan dalam hukum yang diberikan oleh Tuhan umat pilihanNya, Israel. Hukum ini adalah berkenaan penebusan tanah.

Tanah kamu tidak boleh dijual untuk selamanya kerana tanah itu bukan milik kamu. Tanah itu milik Tuhan, dan kamu seperti orang asing yang mendapat kebenaran untuk mengusahakan tanah itu. Apabila sebidang tanah dijual, hak pemilik asal tanah itu untuk menebusnya harus diakui. Jika seorang Israel jatuh miskin lalu terpaksa menjual tanahnya, sanak saudaranya yang terdekat wajib menebus tanah itu (Imamat 25:23-25).

Hukum Penebusan Tanah Mengandungi Rahsia Kelayakan Mesias

Umat pilihan Tuhan, Israel, mematuhi hukum. Oleh itu, semasa urus niaga menjual dan membeli tanah, mereka menurut hukum dengan tegas berkenaan penebusan tanah, seperti yang dicatatkan dalam Alkitab. Tidak seperti undang-undang tanah di negara lain, undang-undang Israel menegaskan dalam kontrak bahawa tanah tidak boleh dijual secara kekal, tetapi ia boleh dibeli balik pada masa akan datang. Ia juga menyatakan bahawa saudara yang kaya boleh menebus tanah untuk ahli keluarga yang menjualnya. Jika seseorang tidak mempunyai saudara yang cukup kaya untuk menebus bagi pihaknya, tetapi dia sendiri mempunyai cukup wang untuk menebus sendiri; undang-undang membenarkan pemilik asal tanah untuk menebus tanah untuk dirinya sendiri.

Jadi, bagaimanakah undang-undang penebusan tanah dalam Imamat berkaitan dengan kelayakan Mesias?

Untuk memahami hal ini dengan lebih jelas, kita perlu ingat bahawa manusia diciptakan daripada tanah. Dalam Kejadian 3:19, Tuhan memberitahu Adam, *"Engkau akan bekerja keras dan berpeluh-peluh untuk membuat tanah ini menghasilkan sesuatu, sampai engkau kembali ke tanah kerana engkau dibentuk daripada tanah. Engkau dijadikan daripada tanah, dan engkau akan kembali ke tanah."* Kejadian 3:23 menyatakan, *"Maka TUHAN mengusir manusia itu keluar dari*

Mesias yang Diutus oleh Tuhan

Taman Eden dan menyuruhnya mengusahakan tanah, yang daripadanya manusia dibentuk."

Tuhan memberitahu Adam, "Engkau dijadikan daripada tanah," dan "tanah" secara rohani melambangkan bahawa manusia diciptakan daripada tanah. Jadi, undang-undang penebusan tanah berkenaan menjual dan membeli tanah berkait terus dengan hukum dunia rohani berkenaan penyelamatan manusia.

Menurut hukum penebusan tanah, Tuhan memiliki semua tanah dan tiada manusia yang dapat menjualnya secara kekal. Dengan cara yang sama, semua kuasa yang diterima oleh Adam daripada Tuhan asalnya milik Tuhan dan oleh itu tiada sesiapa yang dapat menjualnya secara kekal. Jika seseorang menjadi miskin dan menjual tanahnya, tanah ini perlu ditebus apabila ada orang yang sesuai. Sama juga, Iblis perlu memulangkan kuasa yang diserahkan kepadanya daripada Adam apabila seorang individu yang dapat menebus kuasa itu muncul.

Berdasarkan hukum penebusan tanah, Tuhan yang Maha Kasih dan adil menyediakan individu yang dapat mengembalikan kuasa yang diserahkan oleh Adam Iblis. Individu itu ialah Mesias, dan Mesias ialah Yesus Kristus yang telah disediakan dari mula lagi dan dihantar oleh Tuhan sendiri.

Kelayakan Penyelamat dan Pemenuhannya oleh Yesus Kristus

Mari kita lihat mengapa Yesus ialah Mesias dan Penyelamat

manusia berdasarkan hukum penebusan tanah.

Pertama, seperti mana penebus mestilah seorang saudara, Penyelamat juga mestilah manusia untuk menebus manusia daripada dosa mereka kerana semua manusia menjadi pendosa melalui dosa manusia pertama, Adam. Imamat 25:25 menyatakan, *"Jika seorang Israel jatuh miskin lalu terpaksa menjual tanahnya, sanak saudaranya yang terdekat wajib menebus tanah itu."* Jika seseorang tidak lagi mampu mengekalkan tanah dan menjual tanahnya, saudara terdekatnya boleh membeli balik tanah ini. Dengan cara yang sama, kerana manusia pertama Adam berdosa dan terpaksa menyerahkan kuasa yang diberikan oleh Tuhan kepadanya kepada Iblis, penebusan kuasa yang diserahkan kepada Iblis dapat dan perlu dilakukan oleh seorang manusia, "saudara terdekat" Adam.

Kita dapati dalam 1 Korintus 15:21, *"Hal itu demikian kerana sebagaimana kematian datang ke dunia melalui satu orang, begitu juga kebangkitan daripada kematian diberikan melalui satu orang,"* Alkitab menjamin kita bahawa penebusan pendosa dapat dicapai bukan melalui malaikat atau haiwan, tetapi hanya melalui manusia. Manusia berada dalam jalan kematian disebabkan dosa Adam manusia pertama, jadi orang lain perlu menebus dosa mereka, dan hanya seorang manusia, iaitu "saudara terdekat" Adam dapat melakukannya.

Walaupun Yesus mempunyai sifat manusia dan sifat suci

sebagai Anak Tuhan, Dia dilahirkan sebagai manusia untuk menebus manusia daripada dosa mereka (Yohanes 1:14) dan mengalami pertumbuhan. Sebagai manusia, Yesus tidur dan merasai lapar dan dahaga, serta kegembiraan dan kesedihan. Semasa Dia digantung di atas salib, Yesus mengalirkan darah dan merasai kesakitan.

Sekalipun dalam konteks sejarah, ada suatu bukti yang tidak dapat disangkal yang mengakui fakta bahawa Yesus datang ke dunia sebagai manusia. Dengan kelahiran Yesus sebagai titik rujukan, sejarah dunia dibahagikan kepada dua: "S.M." dan "M." "S.M." atau "Sebelum Masihi" *(Before Christ)* merujuk kepada era sebelum kelahiran Yesus dan "M" atau "Masihi *(Anno Domini)*" iaitu "Dalam Tahun Yesus" merujuk kepada masa selepas kelahiran Yesus. Fakta ini mengesahkan bahawa Yesus datang ke dunia sebagai manusia. Oleh itu, Yesus memiliki kelayakan pertama sebagai Penyelamat kerana Dia datang ke dunia sebagai manusia.

Kedua, sama seperti penebus tanah tidak dapat dapat menebus jika dia miskin, anak cucu Adam tidak dapat menebus manusia daripada dosa kerana Adam berdosa dan semua anak cucunya lahir dengan dosa asal. Manusia yang menjadi Penyelamat manusia tidak boleh daripada anak cucu Adam.

Jika seorang abang mahu membayar balik hutang adik perempuannya, dia sendiri mestilah tidak mempunyai hutang. Dengan cara yang sama, seorang yang mahu menjadi penebus orang lain daripada dosa mereka juga mestilah tidak mempunyai dosa. Jika penebus mempunyai dosa, dia sendiri adalah hamba kepada dosa. Jadi, bagaimanakah dia dapat menebus orang lain daripada dosa mereka?

Selepas Adam melakukan dosa keingkaran, semua keturunannya juga lahir dengan dosa asal. Oleh itu, tiada keturunan Adam yang boleh menjadi Penyelamat.

Mengikut keturunan, Yesus adalah anak cucu Daud dan ibu bapanya ialah Yusuf dan Maria. Namun, Matius 1:20, menyatakan, *"Dia mengandung kerana kuasa Roh Tuhan."*

Sebab semua individu dilahirkan dengan dosa asal adalah kerana dia mewarisi sifat-sifat berdosa ibu bapanya melalui sperma bapanya dan ovum ibunya. Namun, Yesus tidak dikandung daripada sperma Yusuf dan ovum Maria, tetapi dengan kuasa Roh Kudus. Hal ini kerana dia menjadi hamil sebelum mereka tidur bersama. Tuhan yang Maha Kuasa boleh menciptakan seorang anak dengan kuasa Roh Kudus tanpa penyatuan sperma dan ovum.

Yesus hanya "meminjam" tubuh Maria perawan. Kerana Dia dikandung dengan kuasa Roh Kudus, Yesus tidak mewarisi apa-apa sifat pendosa. Memandangkan Yesus bukan keturunan Adam dan tidak mempunyai dosa asal, Dia juga memenuhi kelayakan kedua sebagai Penyelamat.

Ketiga, seperti penebus tanah yang mesti cukup kaya untuk menebus tanah, Penyelamat manusia mesti mempunyai kuasa untuk mengalahkan iblis dan menyelamatkan manusia daripada iblis.

Imamat 25:26-27 memberitahu kita, *"Seseorang yang tidak mempunyai sanak untuk menebus tanahnya, mungkin pada kemudian hari menjadi kaya dan sanggup menebusnya sendiri. Jika demikian halnya, dia harus membayar pembeli tanah itu, jumlah harga yang sesuai dengan hasil yang akan diperoleh sebelum Tahun Pengembalian yang akan datang. Dengan demikian dia akan mendapat kembali tanahnya."* Dalam kata lain, seseorang perlu mempunyai "kemampuan" untuk dapat membeli semula tanahnya.

Menyelamatkan tahanan perang memerlukan satu pihak yang mempunyai kuasa untuk mengalahkan musuh dan membayar balik hutang orang itu, dan pihak ini mesti mempunyai kemampuan kewangan. Dengan cara yang sama, menebus manusia daripada kuasa iblis memerlukan Penyelamat supaya mempunyai kuasa untuk mengalahkan iblis, untuk menyelamatkan mereka daripada iblis.

Sebelum melakukan dosa, Adam memiliki kuasa untuk memerintah semua makhluk, tetapi selepas berdosa, Adam terpaksa tunduk kepada kuasa iblis. Dari sini kita fahami bahawa kuasa untuk mengalahkan iblis datang dengan cara bebas daripada dosa.

Yesus Anak Tuhan langsung tidak mempunyai dosa. Kerana Yesus dikandung daripada Roh Kudus dan bukan waris Adam, Dia tidak mempunyai dosa asal. Selain itu, disebabkan Dia hanya mematuhi Hukum Tuhan sepanjang hayat-Nya, Yesus tidak pernah melakukan dosa. Sebab inilah Rasul Paulus berkata bahawa Yesus *"tidak pernah berdosa dan sesiapa pun tidak pernah mendengar Dia berdusta. Apabila Dia dicerca, Dia tidak membalas dengan cercaan. Pada waktu Dia menanggung penderitaan, Dia tidak mengancam orang, tetapi Dia mempercayakan diri kepada Tuhan, Hakim yang adil itu"* (1 Petrus 2:22-23).

Memandangkan Dia tidak mempunyai dosa, Yesus mempunyai kuasa dan kekuasaan untuk mengalahkan iblis dan mempunyai kuasa untuk menyelamatkan manusia daripada iblis. Dia menunjukkan banyak tanda dan mukjizat ajaib yang menjadi saksi kepada hal ini. Yesus menyembuhkan orang sakit, mengusir roh jahat, membuatkan orang buta dapat melihat, orang pekak mendengar, dan orang lumpuh berjalan. Yesus juga menenangkan laut yang bergelora dan menghidupkan semula orang mati.

Yesus tidak mempunyai dosa dan hal ini diakui tanpa keraguan melalui kebangkitan-Nya. Menurut hukum dunia rohani, orang yang berdosa mesti berhadapan dengan kematian (Roma 6:23). Namun memandangkan Dia tiada dosa, Yesus tidak berada di bawah kuasa kematian. Dia menghembuskan nafas terakhir di atas salib dan jasad-Nya dikebumikan dalam makam, tetapi pada hari ketiga Dia dibangkitkan semula.

Ingatlah bahawa bapa iman yang hebat seperti Henokh dan Elia diangkat ke syurga semasa masih hidup tanpa berhadapan dengan kematian kerana mereka tidak mempunyai dosa dan suci sepenuhnya. Sama juga, pada hari ketiga selepas dikebumikan, Yesus mengalahkan kuasa iblis melalui kebangkitan-Nya, dan menjadi Penyelamat semua manusia.

Keempat, sama seperti penebus tanah yang mesti mempunyai kasih untuk menebus tanah untuk saudaranya, Penyelamat manusia juga mesti memiliki kasih sehingga Dia mampu mengorbankan nyawa-Nya untuk orang lain.

Walaupun jika Penyelamat memenuhi ketiga-tiga kelayakan yang disebutkan sebelum ini tetapi tidak mempunyai kasih, Dia tidak dapat menjadi Penyelamat manusia. Katakanlah ada seorang abang yang berhutang $100,000 dan adik perempuannya seorang jutawan. Tanpa kasih, adiknya tidak akan membayar hutang abangnya dan kekayaannya yang berlimpah-limpah tidak akan bermakna untuk abangnya.

Yesus datang ke dunia sebagai manusia, bukan keturunan Adam, dan mempunyai kuasa untuk mengalahkan iblis serta menyelamatkan manusia daripada iblis kerana Dia langsung tidak mempunyai dosa. Namun, jika Dia kurang kasih, Yesus tidak akan dapat menebus manusia daripada dosa mereka. "Penebusan manusia daripada dosa mereka oleh Yesus" bermaksud bahawa Dia akan menerima hukuman kematian bagi pihak mereka. Untuk Yesus menebus manusia daripada dosa mereka, Dia perlu disalib sebagai seorang pendosa paling teruk di dunia, dihina dan dicaci, dan Dia mengalirkan semua darah dan air sehingga mati. Kasih Yesus untuk manusia begitu kuat dan Dia sanggup menebus manusia daripada dosa. Namun, Yesus tidak begitu kisah tentang hukuman salib.

Jadi, mengapakah Yesus perlu digantung di salib kayu dan menumpahkan darah-Nya sehingga mati? Dalam Ulangan 21:23 dinyatakan, *"mayat yang dibiarkan bergantung pada tiang mendatangkan kutuk daripada Tuhan,"* dan menurut hukum dunia rohani, "Kematian adalah upah dosa," Yesus digantung di atas pokok untuk menebus semua manusia daripada kutukan dosa yang mengikat mereka.

Selain itu, Imamat 17:11 menyatakan, *"Nyawa tiap-tiap makhluk terkandung di dalam darahnya. Itulah sebabnya TUHAN memberikan perintah supaya semua darah dituangkan ke atas mazbah untuk menghapuskan dosa umat. Darah, iaitu nyawa, menghapuskan dosa,"* dosa tidak dapat diampunkan tanpa menumpahkan darah.

Imamat ada menyatakan bahawa tepung terbaik boleh dipersembahkan kepada Tuhan untuk menggantikan darah haiwan. Hal ini dapat dilakukan oleh orang yang tidak mampu memberi persembahan haiwan. Ini bukanlah persembahan darah yang menyenangkan hati Tuhan. Yesus menebus kita daripada dosa dengan digantung di atas salib kayu dan menumpahkan darah sehingga mati.

Kasih Yesus begitu menakjubkan sehingga sanggup menumpahkan darah-Nya di atas salib dan membuka jalan penyelamatan bagi orang yang mencaci dan menyalib-Nya, walaupun Dia telah menyembuhkan ramai orang daripada pelbagai jenis penyakit, melonggarkan ikatan kejahatan, dan hanya berbuat kebaikan.

Berdasarkan undang-undang penebusan tanah, kita dapat simpulkan bahawa hanya Yesus yang memenuhi kelayakan Penyelamat yang mampu menebus manusia daripada dosa mereka.

Jalan penyelamatan Manusia yang Disediakan Sebelum Masa Bermula Lagi

Jalan penyelamatan manusia dibuka apabila Yesus meninggal dunia di atas salib dan dibangkitkan semula pada hari ketiga selepas dikebumikan, dan mengalahkan kuasa maut. Kedatangan Yesus ke dunia adalah untuk memenuhi rencana penyelamatan manusia dan menjadi Mesias bagi manusia yang telah dijangkakan pada saat Adam melakukan dosa.

Dalam Kejadian 3:15, Tuhan memberitahu ular yang menggoda Hawa, *"Engkau dan perempuan itu akan saling membenci; keturunannya dan keturunanmu akan sentiasa bermusuhan. Keturunannya akan meremukkan kepalamu dan engkau akan mematuk tumit mereka."* Di sini, "perempuan" secara rohani melambangkan Israel, umat pilihan Tuhan dan "ular" melambangkan musuh iaitu iblis dan Iblis yang menentang Tuhan. Apabila keturunan "perempuan" akan "meremukkan kepala [ular]," ini bermaksud bahawa Penyelamat manusia akan datang daripada orang Israel dan mengalahkan kuasa kematian yang dimiliki oleh iblis.

Ular akan menjadi lemah apabila kepalanya dicederakan. Dengan cara yang sama, apabila Tuhan memberitahu ular bahawa keturunan perempuan akan meremukkan kepala ular, Dia bernubuat bahawa Kristus bagi manusia akan dilahirkan dari kalangan Israel dan memusnahkan kekuasaan iblis dan Iblis dan menyelamatkan pendosa yang terikat kepada kuasa mereka.

Menyedari hal ini, iblis mahu membunuh keturunan perempuan sebelum Dia dapat mencederakan kepala. Itu sebabnya iblis percaya bahawa dia akan menikmati kuasa yang diserahkan daripada Adam yang ingkar ini, selama-lamanya jika dia membunuh keturunan perempuan ini. Namun, iblis tidak tahu siapa keturunan perempuan ini dan mula merancang untuk membunuh nabi-nabi kesayangan Tuhan yang setia, bermula sejak zaman Perjanjian Lama dahulu.

Semasa Musa dilahirkan, iblis menghasut Firaun Mesir supaya membunuh semua bayi lelaki yang dilahirkan oleh wanita Israel (Keluaran 1:15-22), dan apabila Yesus datang ke dunia sebagai manusia, iblis menggerakkan hati Raja Herod dan membuatkan dia membunuh semua kanak-kanak lelaki yang ada di Betlehem dan kawasan sekitar, yang berumur dua tahun dan ke bawah. Atas sebab itu, Tuhan membantu keluarga Yesus dan memimpin mereka melarikan diri ke Mesir.

Selepas itu, Yesus membesar di bawah jagaan Tuhan sendiri, dan memulakan pelayanan-Nya pada usia 30 tahun. Menurut kehendak Tuhan, Yesus pergi ke seluruh Galilea, mengajar di rumah-rumah ibadat, dan menyembuhkan pelbagai jenis penyakit, menghidupkan semula orang mati, dan menyebarkan ajaran kerajaan syurga kepada orang miskin.

Iblis menghasut ketua imam, pendeta dan orang Farisi, dan mula membuat rancangan untuk membunuh Yesus melalui mereka. Tetapi kuasa jahat tidak dapat menyentuh Yesus sehingga saat yang dibenarkan oleh Tuhan. Hanya pada penghujung pelayanan tiga tahun Yesus, barulah Tuhan membenarkan mereka menangkap dan menyalib Yesus untuk memenuhi rencana penyelamatan manusia melalui penyaliban Yesus.

Gabenor Rom, Pontius Pilatus yang tunduk kepada desakan orang Yahudi, menjatuhkan hukuman salib kepada Yesus, dan oleh itu askar Rom memakaikan-Nya mahkota duri dan memaku tangan dan kaki-Nya ke atas salib.

Penyaliban ialah satu cara yang paling kejam untuk menghukum penjenayah. Apabila iblis berjaya membuatkan Yesus disalib dengan cara yang kejam oleh manusia jahat, tentu sekali ia amat bergembira. Ia menjangkakan bahawa tiada sesiapa atau apa-apa yang dapat menghalang kuasanya di dunia, dan menyanyikan lagu riang sambil menari. Tetapi rencana Tuhan dinyatakan di sini.

Kebijaksanaan yang aku sampaikan itu kebijaksanaan daripada Tuhan. Kebijaksanaan itu tidak diketahui oleh umat manusia, tetapi Tuhan sudah menyediakannya untuk kebahagiaan kita, sebelum Dia menjadikan dunia ini. Semua roh yang berkuasa dan yang memerintah dunia ini tidak mengetahui kebijaksanaan itu. Seandainya roh-roh itu mengetahuinya, tentu roh-roh itu tidak akan menyalibkan Tuhan yang mulia (1 Korintus 2:7-8).

Memandangkan Tuhan adalah adil, Dia tidak menggunakan kuasa secara mutlak sehingga melanggar hukum tetapi melakukan segala-galanya berdasarkan hukum dunia rohani. Oleh itu, Dia membuka jalan penyelamatan manusia sejak mula lagi, berdasarkan hukum Tuhan.

Menurut hukum dunia rohani, yang menyatakan *"kematian adalah upah dosa"* (Roma 6:23), jika seorang individu tidak berdosa, dia tidak akan berhadapan dengan kematian. Namun, iblis menyalib orang yang tidak berdosa, suci dan tidak tercemar, iaitu Yesus. Iblis dengan demikian telah melanggar hukum dunia rohani dan terpaksa membayar penalti dengan mengembalikan kuasa Adam yang diserahkan kepadanya selepas Adam melakukan dosa keingkaran. Dalam kata lain, iblis kini terpaksa melepaskan ikatan terhadap semua orang yang menerima Yesus sebagai Penyelamat mereka dan percaya dalam nama-Nya.

Jika iblis mengetahui kebijaksanaan Tuhan ini, ia tidak akan menyalib Yesus. Disebabkan iblis tidak tahu tentang rahsia ini, ia membunuh Yesus yang tidak berdosa, dan percaya bahawa ia akan menjamin kuasanya di dunia buat selama-lamanya. Tetapi realitinya, iblis termasuk ke dalam perangkap sendiri, dan akhirnya melanggar hukum dunia rohani. Betapa menakjubkan kebijaksanaan Tuhan! Yang sebenarnya, iblis menjadi alat dalam memenuhi rencana Tuhan bagi penyelamatan manusia dan seperti yang dinubuatkan dalam Kejadian, kepalanya "diremukkan" oleh keturunan perempuan itu. Dengan rencana dan kebijaksanaan Tuhan, Yesus yang tidak berdosa mati untuk menebus manusia daripada dosa mereka, dan dengan kebangkitan-Nya pada hari ketiga, Dia mengalahkan kuasa kematian yang dimiliki iblis dan menjadi Raja segala raja dan Tuhan segala tuhan. Dia membuka pintu untuk penyelamatan supaya kita dapat diselamatkan melalui iman dalam Yesus Kristus.

Oleh itu, ramai orang dalam sejarah manusia telah diselamatkan melalui iman dalam Yesus Kristus dan lebih ramai lagi pada hari ini telah menerima Tuhan Yesus Kristus.

Menerima Roh Kudus Melalui Iman dalam Yesus Kristus

Mengapakah kita menerima penyelamatan apabila kita percaya kepada Yesus Kristus? Selepas menerima Yesus Kristus sebagai Penyelamat, kita menerima Roh Kudus daripada Tuhan. Apabila kita menerima Roh Kudus, roh kita, yang mati, akan dibangkitkan. Memandangkan Roh Kudus adalah kuasa dan hati Tuhan, Ia memimpin anak-anak Tuhan menuju kebenaran dan membantu mereka hidup berdasarkan kehendak Tuhan.

Oleh itu, orang yang benar-benar percaya bahawa Yesus

Kristus ialah Penyelamat akan menurut kehendak Roh Kudus dan cuba hidup berdasarkan firman Tuhan. Mereka akan membuang kebencian, panas baran, cemburu, iri hati, menghakimi dan mengutuk orang lain, dan zina, sebaliknya mengamalkan kebaikan, kebenaran, serta memahami, melayani dan mengasihi orang lain.

Seperti yang dinyatakan sebelum ini, apabila manusia pertama Adam berdosa dengan makan daripada pokok pengetahuan kebaikan dan kejahatan, roh dalam diri manusia mati dan manusia berada di jalan menuju kemusnahan. Tetapi apabila kita menerima Roh Kudus, roh kita yang mati akan dibangkitkan dan sebanyak mana kita mencari keinginan Roh Kudus dan hidup berpandukan firman kebenaran Tuhan, kita secara beransur-ansur akan menjadi manusia yang benar dan mendapatkan semula imej Tuhan yang hilang.

Apabila kita mengamalkan firman Tuhan yang benar, iman kita akan diakui sebagai "iman yang benar," dan kerana dosa kita akan dibersihkan oleh darah Yesus menurut amalan iman, kita akan menerima penyelamatan. Atas sebab itulah, 1 Yohanes 1:7 menyatakan, *Tetapi jika kita hidup dalam cahaya, maka kita hidup rukun dan darah Yesus, Anak-Nya, membersihkan kita daripada segala dosa.*"

Inilah caranya kita mendapat penyelamatan melalui iman selepas menerima pengampunan bagi dosa kita. Namun, jika kita melakukan dosa walaupun telah mengaku beriman, pengakuan itu adalah dusta, dan oleh itu, darah Yesus Kristus tidak dapat menebus kita daripada dosa dan Dia tidak dapat memberikan kita jaminan penyelamatan.

Lain halnya bagi orang yang baru sahaja menerima Yesus Kristus. Walaupun mereka masih belum berjalan dalam kebenaran, Tuhan akan menyelidik hati mereka, percaya bahawa mereka telah berubah, dan memimpin mereka kepada penyelamatan apabila mereka cuba berjalan menuju kebenaran.

Yesus Memenuhi Nubuat

Firman Tuhan berkenaan Mesias yang dinubuatkan melalui para nabi dipenuhi oleh Yesus. Setiap aspek kehidupan Yesus, daripada kelahiran dan pelayanan sehingga kematian, penyaliban dan kebangkitan-Nya, adalah rencana Tuhan untuk-Nya supaya Dia menjadi Mesias dan Penyelamat manusia.

Yesus Dilahirkan oleh Seorang Perawan di Betlehem

Tuhan menubuatkan kelahiran Yesus melalui Nabi Yesaya. Pada masa yang ditentukan oleh Tuhan, kuasa Tuhan yang Maha Agung turun kepada seorang wanita suci bernama Maria di Nasaret, Galilea, dan tidak lama kemudian dia hamil.

Baiklah, Tuhan sendiri akan memberikan tanda kepada tuanku: seorang gadis yang mengandung akan melahirkan seorang anak lelaki yang dinamakan 'Imanuel' (Yesaya 7:14).

Seperti yang dijanjikan oleh Tuhan kepada orang Israel, *"Tidak akan ada penghujung bagi waris raja dalam keluarga Daud,"* Dia memastikan Mesias dilahirkan oleh wanita bernama

Maria, yang bakal berkahwin dengan Yusuf, iaitu keturunan Daud. Memandangkan keturunan Adam yang dilahirkan dengan dosa asal tidak boleh menebus manusia daripada dosa mereka, Tuhan memenuhi nubuat dengan mentakdirkan supaya Maria perawan melahirkan Yesus sebelum dia dan Yusuf berkahwin.

Hai Betlehem Efrata, engkaulah salah satu kota yang terkecil di negeri Yehuda, tetapi daripadamu Aku akan memberi Israel seorang penguasa; asal usul nenek moyangnya bermula dari zaman purba (Mikha 5:1).

Alkitab menubuatkan bahawa Yesus akan dilahirkan di Betlehem. Yesus memang dilahirkan di Betlehem di Yudea semasa pemerintahan Raja Herodes (Matius 2:1) dan sejarah membuktikan hal ini.

Apabila Yesus dilahirkan, Raja Herodes khuatir akan ancaman terhadap pemerintahannya, dan cuba membunuh Yesus. Namun, disebabkan dia tidak berjaya mencari bayi ini, Raja Herodes membunuh semua kanak-kanak lelaki di Betlehem dan kawasan sekitarnya, yang berumur dua tahun dan ke bawah, dan menyebabkan satu negara bersedih dan berkabung,

Sekiranya Yesus tidak datang ke dunia sebagai Raja sebenar orang Yahudi, mengapakah seorang raja sanggup mengorbankan nyawa begitu ramai kanak-kanak hanya untuk membunuh seorang bayi? Tragedi ini berlaku kerana iblis mahu membunuh Mesias kerana takut kehilangan kuasa ke atas dunia, dan dia menggerakkan hati Raja Herodes yang takut kehilangan takhtanya sendiri, dan menyebabkan dia melakukan kekejaman ini.

Yesus Mengakui Tuhan yang Hidup

Sebelum memulakan pelayanan, Yesus hidup selama 30 tahun dengan berpandukan Hukum. Dan apabila Dia sudah cukup matang untuk menjadi imam, Dia mula menjalankan pelayanan untuk menjadi Mesias, seperti yang dirancangkan sejak awal lagi.

Kuasa TUHAN Raja ada padaku, Dia telah memilih aku dan mengutus aku untuk mengkhabarkan berita baik kepada orang miskin, untuk memulihkan orang yang hancur hati, untuk mengumumkan kemerdekaan kepada orang tawanan, dan pembebasan kepada orang di dalam penjara. Dia telah mengutus aku untuk mengisytiharkan ketibaan masa bagi TUHAN untuk menyelamatkan umat-Nya, dan mengalahkan musuh-musuh mereka. Dia telah mengutus aku untuk menghiburkan orang yang berduka, untuk memberi orang yang berkabung di Sion, kesukaan serta kegembiraan, dan bukan kedukaan, lagu pujian, dan bukan kesedihan. Mereka akan menjadi seperti pokok yang ditanam oleh TUHAN sendiri. Mereka akan melakukan hal yang benar, dan Tuhan akan dipuji kerana perbuatan-Nya (Yesaya 61:1-3).

Seperti yang kita dapat dalam nubuat tersebut, Yesus

menyelesaikan semua masalah kehidupan dengan kuasa Tuhan dan menenangkan orang yang patah hati. Dan apabila tiba masa yang ditentukan Tuhan, Yesus pergi ke Yerusalem untuk mengalami Derita.

Bersukacitalah, hai penduduk Sion! Lihatlah, raja kamu datang! Dia datang dengan kemegahan dan kemenangan, tetapi dengan kerendahan hati, dia datang dengan menunggang keldai, dengan mengenderai anak keldai yang muda (Zakharia 9:9).

Menurut nubuat Zakharia, Yesus masuk ke bandar Yerusalem menaiki keldai. Orang ramai menjerit, *"Pujilah Anak Daud! Diberkatilah Dia yang datang dengan nama Tuhan! Pujilah Tuhan!"* (Matius 21:9), dan seluruh bandar berasa teruja. Orang ramai bergembira kerana Yesus menunjukkan tanda dan mukjizat yang menakjubkan, seperti berjalan di atas air dan menghidupkan semula orang mati. Namun, tidak lama kemudian, orang ramai mula berpaling tadah dan mereka menyalib-Nya.

Apabila mereka melihat betapa ramainya orang yang mengikut Yesus untuk mendengar kata-kata-Nya dan melihat manifestasi kuasa Tuhan, para imam, orang Farisi dan guru Taurat berasa bahawa kedudukan mereka dalam masyarakat telah tergugat. Disebabkan kebencian terhadap Yesus, mereka membuat rancangan untuk membunuh-Nya. Mereka membuat banyak bukti palsu terhadap Yesus dan menuduh-Nya menipu dan menghasut orang ramai. Yesus menunjukkan banyak kerja menakjubkan dengan kuasa Tuhan yang tidak akan dapat dilakukan melainkan Tuhan sendiri bersama-Nya, tetapi mereka cuba untuk menyingkirkan Yesus.

Akhirnya, salah seorang daripada pengikut Yesus sendiri yang mengkhianati-Nya dan para ketua imam membayarnya 30 keping wang perak kerana membantu mereka menangkap Yesus. Nubuat Zakharia tentang 30 keping wang perak sebagai tebusan, menyatakan, *"Lalu aku mengambil ketiga puluh uang perak itu dan menyerahkannya kepada penuang logam di rumah TUHAN,"* telah dipenuhi (Zakharia 11:12-13, Alkitab, Lembaga Alkitab Indonesia).

Selepas itu, lelaki yang mengkhianati Yesus demi 30 keping wang perak, tidak dapat mengatasi perasan bersalah, dan membuang 30 keping wang perak itu ke dalam Rumah Tuhan, tetapi para ketua imam menggunakan wang itu untuk membeli "Tanah Tukang Periuk" (Matius 27:3-10).

Penderitaan dan Kematian Yesus

Seperti yang dinubuatkan oleh Nabi Yesaya, Yesus mengalami Derita untuk menyelamatkan manusia. Oleh sebab Yesus datang ke dunia untuk memenuhi rencana menebus manusia daripada dosa, dan Dia digantung dan disalib di atas salib kayu, yang merupakan simbol sumpahan dan dikorbankan kepada Tuhan sebagai persembahan rasa bersalah manusia.

Padahal penderitaan kitalah yang ditanggungnya,
penyakit kitalah yang dideritanya. Selama ini kita
menyangka bahawa penderitaannya itu hukuman Tuhan
baginya. Tetapi dia dilukai kerana dosa kita, dia diseksa
kerana perbuatan jahat kita. Kita diselamatkan kerana
hukuman yang ditanggungnnya, kita disembuhkan
kerana luka-lukanya. Dahulu kita semua seperti domba
yang sesat, masing-masing mengikut jalan sendiri.
Tetapi TUHAN menjatuhkan hukuman kepadanya,
hukuman yang seharusnya dijatuhkan kepada kita. Dia
diperlakukan dengan kasar, tetapi dia menanggungnya
dengan sabar; Dia tidak membuka mulutnya seperti
anak domba yang dibawa ke pembantaian, atau
induk domba yang dicukur bulunya. Dia ditahan dan
dihakimi, lalu digiring untuk dihukum mati. Tidak
seorang pun mempedulikannya; dia dihukum mati
kerana dosa bangsa kita. Dia dikuburkan bersama-
sama orang jahat, dia dikebumikan bersama-sama
orang kaya, walaupun dia tidak pernah melakukan
jenayah dan tidak pernah berdusta. TUHAN berfirman,
Penderitaannya memang menurut kehendak-Ku;
dia menyerahkan nyawanya sebagai korban bagi
pengampunan dosa. Oleh itu dia akan panjang umur;
dia akan melihat keturunannya, dan melalui dia
maksud-Ku akan terlaksana (Yesaya 53:4-10).

Semasa zaman Perjanjian Lama, darah haiwan

dipersembahkan kepada Tuhan setiap kali seseorang berdosa terhadap-Nya. Tetapi Yesus menumpahkan darah suci-Nya sendiri yang tidak mengandungi dosa asal atau dosa yang dilakukan sendiri dan "mempersembahkan satu korban untuk dosa selama-lamanya" supaya semua manusia dapat menerima pengampunan bagi dosa mereka dan hidup abadi (Ibrani 10:11-12). Oleh itu, Dia membuka jalan pengampunan dosa dan penyelamatan melalui iman dalam Yesus Kristus dan kita tidak perlu lagi mengorbankan darah haiwan.

Apabila Yesus menghembuskan nafas terakhir di atas salib, tirai di dalam Rumah Tuhan terkoyak dua dari atas ke bawah (Matius 27:51). Tirai Rumah Tuhan ialah langsir besar yang memisahkan Bilik Maha Suci daripada Bilik Suci di Rumah Tuhan, dan orang biasa tidak dibenarkan masuk ke Bilik Suci. Hanya imam agung boleh masuk ke Bilik Maha Suci setahun sekali.

"Tirai di dalam Rumah Tuhan terbelah dua dari atas ke bawah" melambangkan bahawa apabila Dia mengorbankan diri-Nya, Yesus memusnahkan dinding dosa antara kita dengan Tuhan. Pada zaman Perjanjian Lama, imam agung perlu memberikan persembahan kepada Tuhan untuk menebus orang Israel daripada dosa mereka dan berdoa kepada Tuhan bagi pihak mereka. Kini dinding dosa yang memisahkan kita dengan Tuhan telah dimusnahkan, kita dapat berkomunikasi dengan Tuhan sendiri. Dalam kata lain, sesiapa yang percaya kepada Yesus Kristus dapat masuk ke tenpat suci Tuhan dan menyembah-Nya dan berdoa kepada-Nya di sana.

Oleh itu Aku akan memberi dia kedudukan yang mulia, kedudukan di kalangan orang besar dan kenamaan. Dia rela mengorbankan nyawanya, dan dia dianggap sebagai orang jahat. Dia menanggung dosa banyak orang, dan berdoa agar mereka diampuni (Yesaya 53:12).

Seperti yang dicatatkan oleh Nabi Yesaya tentang Penderitaan dan Penyaliban Mesias, Yesus meninggal dunia di atas salib untuk dosa semua manusia tetapi dihukum. Semasa Dia nazak di atas salib pun, Dia meminta Tuhan untuk mengampuni orang yang menyalib-Nya.

Ya Bapa, ampunilah mereka! Mereka tidak mengetahui apa yang dilakukan oleh mereka (Lukas 23:34).

Apabila Yesus meninggal dunia di atas salib, ramalan dalam Mazmur, *"Ia melindungi segala tulangnya, tidak satupun yang patah"* (Mazmur 34:21, Alkitab, Lembaga Alkitab Indonesia) telah dipenuhi. Kita dapati ia dipenuhi dalam Yohanes 19:32-33, *"Oleh itu askar-askar pergi mematahkan kaki kedua-dua orang yang disalibkan bersama-sama Yesus. Tetapi apabila mereka sampai kepada Yesus, mereka melihat bahawa Dia sudah meninggal. Oleh itu mereka tidak mematahkan kaki-Nya."*

Yesus Menjalankan Pelayanan-Nya dengan Menjadi Mesias

Yesus menanggung dosa manusia di atas salib dan meninggal dunia untuk mereka sebagai korban dosa, tetapi pemenuhan rencana penyelamatan bukanlah melalui kematian Yesus.

Seperti yang dinubuatkan dalam Mazmur 16:10, *"kerana Engkau tidak akan membiarkan aku mati; orang yang Engkau kasihi tidak Kaubiarkan binasa,"* dan dalam Mazmur 118:17, *"Aku tidak akan mati, tetapi aku akan hidup, untuk menceritakan perbuatan TUHAN,"* tubuh Yesus tidak reput dan dia dibangkitkan semula pada hari ketiga.

Satu lagi ramalan dalam Mazmur 68:19, *"Dia naik ke tempat yang tinggi, membawa banyak orang tawanan bersama-sama-Nya, dan menerima ufti daripada pemberontak. TUHAN akan tinggal di sana,"* Yesus naik ke syurga dan menunggu hari-hari terakhir di mana Dia akan melengkapkan pemupukan manusia dan memimpin umat-Nya ke syurga.

Di sini dapat dilihat dengan mudah bahawa semua yang dinubuatkan oleh Tuhan mengenai Mesias melalui nabi-nabi-Nya telah dicapai sepenuhnya melalui Yesus Kristus.

Kematian Yesus dan Nubuat tentang Israel

Israel umat pilihan Tuhan gagal mengakui Yesus sebagai Mesias. Namun, Tuhan masih tidak melupakan kaum yang dipilih-Nya dan pada hari ini menyempurnakan rencana-Nya untuk penyelamatan Israel. Walaupun melalui penyaliban Yesus, Tuhan telah meramalkan masa hadapan Israel, dan hal ini disebabkan oleh kasih-Nya yang mendalam kepada mereka dan kehendak-Nya agar mereka percaya kepada Mesias yang dihantar oleh Tuhan, dan supaya mereka menerima penyelamatan.

Penderitaan untuk Israel yang Menyalibkan Yesus

Walaupun Gabenor Rom Pontius Pilatus menghukum Yesus supaya disalib, tetapi orang Yahudi yang mempengaruhi Pilatus untuk membuat keputusan ini. Pilatus sedar bahawa tidak ada alasan untuk membunuh Yesus, tetapi orang ramai memberi tekanan kepadanya, berteriak supaya Yesus disalib, sehingga tahap akan menimbulkan rusuhan.

Bertegas dengan keputusan untuk menyalib Yesus, Pilatus mengambil air dan membasuh tangannya di hadapan orang ramai dan berkata, *"Aku tidak bertanggungjawab terhadap kematian orang ini! Kamulah yang bertanggungjawab!"* (Matius 27:24). Sebagai jawapan, orang Yahudi berteriak, *"Kami dan keturunan kami bertanggungjawab terhadap kematiannya!"* (Matius 27:25)

Pada tahun 70 M, Yerusalem jatuh ke tangan Jeneral Rom, Titus. Rumah ibadat mereka musnah dan orang yang terselamat terpaksa meninggalkan tanah air mereka dan bertebaran ke seluruh dunia. Oleh itu Penyebaran (Diaspora) ini bermula dan berlangsung kira-kira 2,000 tahun. Sepanjang tempoh Penyebaran ini, kesengsaraan yang ditanggung oleh umat Israel tidak dapat digambarkan dengan kata-kata.

Apabila Yerusalem jatuh, kira-kira 1.1 juta orang Yahudi dibunuh, dan semasa Perang Dunia Kedua, lebih kurang 6 juta orang Yahudi dibunuh beramai-ramai secara kejam oleh Nazi. Apabila mereka dibunuh oleh Nazi, orang Yahudi dibogelkan dan hal ini serupa dengan kejadian semasa Yesus disalib dengan bertelanjang.

Tentu sekali, dari pandangan Israel, mereka menyatakan bahawa penderitaan mereka bukanlah kesan daripada tindakan mereka menyalib Yesus. Namun, melihat kembali sejarah Israel, mudah untuk kita kenal pasti bahawa Israel dan umatnya dilindungi oleh Tuhan dan makmur apabila mereka hidup berdasarkan kehendak Tuhan. Apabila mereka menjauhkan diri daripada kehendak Tuhan, orang Israel diberi hukuman dan menerima penderitaan dan ujian.

Jadi, kita tahu bahawa penderitaan Israel bukanlah tidak

bersebab. Jika menyalib Yesus benar pada pandangan Tuhan, mengapakah Tuhan membiarkan Israel berada dalam keadaan menderita buat jangka masa yang lama?

Pakaian dan Jubah Yesus, dan Masa Hadapan Israel

Satu lagi insiden yang membayangkan apa yang akan terjadi kepada Israel berlaku di tempat Yesus disalib. Mazmur 22:19 menyatakan, *"mereka membahagi-bahagikan pakaianku dan membuang undi untuk jubahku,"* askar Rom mengambil pakaian Yesus dan membahagikannya kepada empat, satu untuk setiap seorang, manakala mereka mengundi untuk mendapatkan jubah-Nya dan salah seorang daripada askar itu membawanya pergi.

Mengapakah hal ini berkaitan dengan masa hadapan Israel? Memandangkan Yesus ialah Raja Yahudi, pakaian Yesus secara rohani melambangkan pilihan Tuhan, negara Israel dan penduduknya. Apabila pakaian Yesus dibahagikan kepada empat dan bentuk pakaian ini hilang, hal ini membayangkan kemusnahan negara Israel. Namun, disebabkan fabrik pakaian masih ada, hal ini juga melambangkan bahawa walaupun negara Israel mungkin hilang, nama "Israel" akan kekal.

Apakah kepentingan fakta bahawa askar Rom mengambil pakaian luar Yesus dan membahagikannya kepada empat bahagian, satu untuk setiap seorang? Hal ini melambangkan bahawa orang Israel akan dimusnahkan oleh Rom dan akan bertebaran. Nubuat ini juga dipenuhi dengan kejatuhan Yerusalem dan kemusnahan negara Israel, yang memaksa orang Yahudi untuk bertebaran ke seluruh dunia.

Berkenaan jubah Yesus, Yohanes 19:23 menyatakan, *"jubah-Nya yang dibuat daripada sehelai kain yang ditenun dari atas sampai ke bawah tanpa jahitan."* Jubah Yesus yang "tidak berjahit" melambangkan bahawa tiada lapisan kain yang dijahit bersama untuk menghasilkan pakaian ini.

Kebanyakan orang tidak mengambil kisah tentang cara pakaian mereka dijahit. Jadi, mengapakah Alkitab mencatatkan dengan terperinci berkenaan struktur jubah Yesus? Dalam kisah ini ada nubuat tentang kejadian yang akan berlaku kepada orang Israel.

Jubah Yesus melambangkan hati orang Israel, hati yang dengannya mereka menyembah Tuhan. Jubah itu "daripada sehelai kain yang ditenun tanpa jahitan" melambangkan hati Israel terhadap Tuhan yang bertahan dari nenek moyang mereka Yakub dan tidak berubah dalam apa-apa pun situasi.

Melalui 12 Kaum daripada zaman Abraham, Ishak dan Yakub, mereka membentuk satu negara dan bangsa Israel yang berpegang teguh kepada kemurnian mereka sebagai sebuah bangsa, dengan tidak berkahwin dengan orang bukan Yahudi. Selepas perpecahan Kerajaan Israel di utara dan Kerajaan Yehuda di selatan, penduduk di kerajaan utara berkahwin campur tetapi Yehuda kekal sebagai negara satu kaum. Sehingga hari ini pun, orang Yahudi mengekalkan identiti mereka yang bermula sejak zaman bapa iman lagi.

Oleh itu, walaupun pakaian Yesus dikoyakkan kepada empat bahagian, jubah-Nya tetap sempurna. Hal ini melambangkan bahawa walaupun negara Israel mungkin musnah, hati orang Israel terhadap Tuhan dan iman mereka kepada-Nya tidak dapat dimusnahkan. Oleh sebab mereka mempunyai hati yang teguh ini, Tuhan memilih mereka sebagai umat pilihan-Nya dan melalui mereka, Dia mencapai rancangan-Nya dan kehendak-Nya sehingga hari ini. Walaupun sesudah milenia, orang Israel masih tetap patuh kepada Hukum. Hal ini kerana mereka mewarisi hati Yakub yang tidak berubah.

Hasilnya, hampir 1,900 tahun selepas kehilangan negara mereka, orang Israel mengejutkan dunia dengan mengisytiharkan kemerdekaan dan pemulihan negara pada tarikh 14 Mei 1948.

Aku akan mengumpulkan kamu dari setiap negeri dan daripada setiap bangsa lalu membawa kamu pulang ke negeri kamu sendiri (Yehezkiel 36:24).

Lalu kamu akan tinggal di negeri yang Kuberikan kepada nenek moyang kamu. Kamu akan menjadi umat-Ku, dan Aku menjadi Tuhan kamu (Yehezkiel 36:28).

Seperti yang telah dinubuatkan dalam Perjanjian Lama,

"Sesudah waktu yang lama sekali engkau akan mendapat perintah; pada hari yang terkemudian" (Alkitab, Lembaga Alkitab Indonesia), orang Israel mula berkumpul di Palestin dan membentuk negara sekali lagi (Yehezkiel 38:8). Selain itu, dengan membangun sebagai salah sebuah negara paling berkuasa di dunia. Israel sekali lagi membuktikan kepada seluruh dunia, ciri-ciri mereka yang lebih hebat sebagai sebuah bangsa.

Tuhan Mahu Israel Bersedia untuk Kedatangan Semula Yesus

Tuhan mahu negara Israel yang baru ini menantikan dan bersedia untuk Kedatangan Mesias. Yesus datang ke tanah Israel kira-kira 2,000 tahun lalu, memenuhi rencana penyelamatan dengan sempurna dan menjadi Penyelamat dan Mesias untuk mereka. Apabila Dia naik ke syurga, Dia berjanji akan kembali dan kini Tuhan mahu umat pilihan-Nya untuk menantikan kedatangan Mesias dengan iman yang benar.

Apabila Yesus Kristus Mesias kembali, Dia tidak akan datang dalam keadaan menyedihkan atau terpaksa menderita hukuman salib seperti dua milenium yang lalu. Sebaliknya, Dia akan muncul diiringi angkatan syurgawi dan malaikat dan kembali ke dunia sebagai Raja segala raja dan Tuan segala tuan dalam keagungan Tuhan untuk tatapan seluruh dunia.

Lihatlah, Dia datang dengan awan! Semua orang akan melihat Dia, termasuk juga mereka yang sudah membunuh Dia. Semua bangsa di bumi akan meratap kerana Dia. Ya, tentu! Amin! (Wahyu 1:7)

Apabila tiba masanya, semua manusia, yang percaya atau tidak, akan melihat kedatangan Yesus di udara. Pada hari itu, orang yang percaya kepada Yesus sebagai Penyelamat manusia akan diangkat ke awan dan menyertai Jamuan Perkahwinan di udara, tetapi orang lain akan ditinggalkan dan akan bersedih.

Tuhan menciptakan manusia pertama, Adam, dan memulakan pemupukan manusia, tentulah akan ada penamat bagi semua ini. Seperti petani yang menyemai benih dan menuai hasil, akan ada masa untuk menuai bagi pemupukan manusia juga. Pemupukan manusia oleh Tuhan akan lengkap dengan Kedatangan Kedua Mesias Yesus Kristus.

Yesus memberitahu kita dalam Wahyu 22:7, *"Dengarlah! Aku akan segera datang! Berbahagialah orang yang mentaati kata-kata nubuat di dalam kitab ini!."* Masa kita adalah akhir zaman. Dalam kasih-Nya yang tidak terhingga terhadap Israel, Tuhan terus memperingatkan kaum-Nya melalui sejarah mereka supaya mereka akan menerima Mesias. Tuhan benar-benar mahu bukan sahaja umat pilihan-Nya Israel tetapi semua manusia untuk menerima Yesus Kristus sebelum tamatnya pemupukan manusia.

Alkitab Ibrani, yang dikenali oleh orang Kristian sebagai Perjanjian Lama.

Bab 3

Tuhan yang Kepada-Nya Israel Percaya

Hukum dan Adat Resam

Ketika Tuhan memimpin umat pilihan-Nya, Israel, keluar dari Mesir dan ke tanah yang dijanjikan, Kanaan, Dia turun ke puncak Gunung Sinai. Kemudian TUHAN memanggil Musa, pemimpin Keluaran kepadaNya dan memberitahunya bahawa para imam perlu mentahbiskan diri mereka apabila mereka mendekati Tuhan. Selain itu, Tuhan memberikan mereka Sepuluh Hukum dan banyak hukum lain melalui Musa.

Apabila Musa telah selesai menyampaikan semua kata Tuhan dan hukum-hukum kepada orang ramai, mereka menjawab dengan satu suara dan berkata, *"Kami akan melakukan segala yang difirmankan oleh TUHAN"* (Keluaran 24:3) Tetapi semasa Musa berada di Gunung Sinai disebabkan panggilan Tuhan, orang ramai menyebabkan Harun membuat patung lembu jantan dan melakukan dosa besar dengan menyembah berhala.

Bagaimanakah kaum pilihan Tuhan sendiri dapat melakukan dosa yang begitu besar? Semua manusia sejak Adam, yang melakukan dosa keingkaran, ialah keturunan Adam dan semuanya dilahirkan dengan sifat dosa. Mereka terdorong untuk melakukan dosa sebelum mereka disucikan melalui penyunatan hati. Itulah sebabnya Tuhan menghantar satu-satu Anak-Nya Yesus Kristus, dan melalui penyaliban Yesus, Dia membuka pintu yang membolehkan semua dosa manusia diampunkan.

Jadi mengapakah Tuhan memberikan mereka hukum itu? Sepuluh Hukum yang diberikan oleh Tuhan melalui Musa, ordinan dan perintah juga dikenali sebagai hukum.

Melalui Hukum Tuhan Memimpin Mereka ke Tanah yang Berlimpah Susu dan Madu

Sebab dan tujuan Tuhan memberikan orang Israel hukum semasa Keluaran dari Mesir adalah supaya mereka menikmati rahmat yang membolehkan mereka masuk ke tanah Kanaan, tanah yang berlimpah susu dan madu. Mereka menerima hukum terus daripada Musa, tetapi mereka tidak mematuhi perjanjian dengan Tuhan dan melakukan banyak dosa termasuklah menyembah berhala dan zina. Akhirnya kebanyakan daripada mereka mati dalam dosa semasa 40 tahun hidup di padang pasir.

Buku Ulangan dicatatkan menurut kata-kata terakhir Musa, dan menyelidiki perjanjian dengan Tuhan dan hukum. Apabila kebanyakan daripada generasi pertama Keluaran, melainkan Yosua dan Kaleb meninggal dunia, dan tiba masa untuk meninggalkan kaum Israel, Musa menggesa generasi kedua dan ketiga Keluaran untuk mengasihi Tuhan dan mematuhi perintah-Nya.

Sekarang, hai umat Israel, dengarlah tuntutan TUHAN, Tuhan yang kamu daripada kamu: Hormatilah TUHAN dan laksanakanlah segala perintah-Nya. Kasihilah Dia dan mengabdilah kepada-Nya dengan segenap hati; patuhilah segala hukum-Nya. Aku memberikan hukum-hukum itu kepada kamu hari ini untuk kepentingan kamu (Ulangan 10:12-13).

Tuhan memberikan mereka hukum kerana Dia mahu mereka mematuhinya dengan rela dari hati dan untuk mengesahkan kasih mereka terhadap Tuhan melalui kepatuhan. Tuhan tidak memberikan mereka hukum untuk mengehadkan atau mengongkong mereka, tetapi Dia mahu menerima hati mereka yang patuh dan memberikan rahmat kepada mereka.

Jangan sekali-kali lupa akan hukum yang aku berikan kepada kamu hari ini. Ajarkanlah hukum itu kepada anak-anak kamu. Percakapkanlah hukum itu semasa kamu di rumah ataupun berpergian, semasa kamu berehat ataupun bekerja. Ikatkan hukum itu pada lengan kamu dan ikatkannya pada dahi kamu sebagai peringatan. Tuliskanlah hukum itu pada tiang pintu rumah dan pada pintu pagar kamu (Ulangan 6:6-9).

Melalui ayat-ayat ini, Tuhan memberitahu mereka bahawa mereka perlu mengingati hukum dalam hati, mengajarkannya dan mengamalkannya. Sepanjang zaman, perintah dan ordinan Tuhan ditulis dalam Lima Buku Musa dan masih dihafal dan disimpan, tetapi fokus mengamalkan hukum dilaksanakan secara luaran.

Hukum dan Adat Resam Nenek Moyang

Sebagai contoh, hukum yang memerintahkan bahawa hari Sabat adalah hari suci, dan orang yang terdahulu melakukan banyak tradisi terperinci yang dapat berubah untuk mematuhi perintah seperti melarang mereka menggunakan pintu automatik, lif dan eskalator, serta larangan membuka surat perniagaan, pasport dan bungkusan lain. Bagaimanakah tradisi nenek moyang ini tercipta?

Apabila Rumah Tuhan dimusnahkan dan kaum Israel ditawan sebagai Tawanan Babilonia, mereka berfikiran bahawa hal ini adalah kerana mereka gagal berkhidmat kepada Tuhan dengan sepenuh hati. Mereka perlu berkhidmat kepada Tuhan dengan lebih baik dan menggunakan hukum dalam situasi yang akan berubah mengikut peredaran masa, jadi mereka membuat banyak peraturan ketat.

Peraturan-peraturan ini ditetapkan dengan niat untuk berkhidmat kepada Tuhan dengan sepenuh hati. Dalam kata lain, mereka menetapkan banyak peraturan ketat yang memperincikan setiap aspek kehidupan supaya mereka dapat mengamalkan hukum dalam kehidupan seharian.

Kadang kala peraturan ketat ini berperanan melindungi hukum. Namun, apabila masa berlalu, mereka kehilangan makna sebenar yang terkandung dalam hukum dan meletakkan kepentingan yang lebih terhadap ekspresi luaran pematuhan hukum. Dengan cara ini, mereka menyimpang daripada makna sebenar hukum itu.

Tuhan melihat dan menerima hati setiap orang yang mematuhi hukum dan tidak meletakkan kepentingan kepada ekspresi luaran pematuhan hukum dengan amalan. Oleh itu, Dia menetapkan hukum untuk mencari orang yang benar-benar mengagungkan-Nya, dan untuk memberikan rahmat kepada orang yang patuh kepada-Nya. Walaupun ramai orang pada zaman Perjanjian lama nampak seperti mematuhi hukum, pada masa yang sama ramai juga yang melanggarnya.

"TUHAN Yang Maha Kuasa berfirman, Lebih baik seorang antara kamu menutup pintu Rumah-Ku, kerana sia-sia saja kamu menyalakan api di atas mazbah-Ku. Aku tidak berkenan kepada kamu dan tidak mahu menerima persembahan kamu" (Maleakhi 1:10).

Apabila guru Taurat dan para pemimpin masyarakat memfitnah Yesus dan mengutuk para pengikut-Nya, hal itu bukan kerana Yesus dan para pengikut-Nya melanggar hukum, tetapi ini kerana mereka melanggar tradisi nenek moyang. Hal ini dijelaskan dalam Injil Matius.

Mengapa pengikut-Mu melanggar adat istiadat nenek moyang kita? Sebelum makan, mereka tidak membasuh tangan menurut adat! (Matius 15:2)

Pada masa ini, Yesus mengajarkan mereka bahawa bukan perintah Tuhan yang telah dilanggar, tetapi sebaliknya, tradisi nenek moyang. Memang penting untuk mengamalkan hukum secara amalan luaran, tetapi adalah lebih penting untuk menyedari kehendak sebenar Tuhan yang terkandung dalam hukum.

Dan Yesus **menjawab** dan berkata kepada mereka,

Mengapa kamu tidak menurut perintah Tuhan, tetapi menurut ajaran kamu sendiri? Tuhan berfirman, 'Hormatilah ibu bapamu,' dan 'Orang yang mencaci ibu bapa mesti dihukum mati.' Tetapi kamu mengajarkan: Jika seseorang berkata kepada ibu bapanya, 'Apa yang seharusnya saya gunakan untuk menolong ayah dan emak, sudah saya persembahkan kepada Tuhan,' maka orang itu tidak perlu menghormati bapanya. Demikianlah kamu meniadakan firman Tuhan untuk menurut ajaran kamu sendiri (Matius 15:3-6).

Pada ayat seterusnya, Yesus juga berkata,

Kamu munafik! Tepat sekali apa yang dikatakan oleh Nabi Yesaya tatkala dia bernubuat tentang kamu! Tuhan berfirman, 'Semua orang ini menghormati Aku dengan kata-kata, tetapi hati mereka sebenarnya jauh daripada-Ku. Sia-sialah mereka menyembah Aku, kerana peraturan manusia diajarkan oleh mereka seolah-olah peraturan itu hukum Tuhan (Matius 15:7-9).

Selepas Yesus memanggil orang ramai, Dia berkata kepada mereka,

Dengarlah dan fahamilah! Apa yang masuk ke dalam mulut seseorang tidak dapat menajiskan dia. Tetapi apa yang keluar dari mulut, itulah yang menajiskan dia (Matius 15:10-11).

Anak-anak Tuhan patut menghormati ibu bapa mereka seperti yang ditulis dalam Sepuluh Hukum. Tetapi orang Farisi mengajarkan kepada orang ramai bahawa anak-anak yang patut berkhidmat dan menghormati ibu bapa mereka dengan harta benda mereka dapat dikecualikan daripada tugas mereka jika mereka mengumumkan bahawa harta benda mereka akan dipersembahkan kepada Tuhan. Mereka membuat begitu banyak peraturan yang memperincikan setiap aspek kehidupan sehinggakan orang bukan Yahudi tidak berani mengamalkan semua tradisi nenek moyang ini dengan tegas. Mereka berfikiran bahawa mereka baik-baik sahaja sebagai umat pilihan Tuhan.

Tuhan yang Dipercayai Israel

Apabila Yesus menyembuhkan orang sakit pada hari Sabat, orang Farisi mengutukNya kerana melanggar hari Sabat. Suatu hari Yesus masuk ke rumah ibadat dan melihat seorang lelaki yang tangannya lumpuh sebelah berdiri di hadapan orang Farisi. Yesus berniat menyedarkan mereka dan bertanya, dengan menyatakan yang berikut:

Menurut Taurat, apakah yang boleh kita lakukan pada hari Sabat? Berbuat baik atau berbuat jahat? Menyelamatkan orang atau membinasakan mereka? (Markus 3:4)

Apakah yang akan kamu lakukan seandainya seorang antara kamu mempunyai seekor domba, lalu pada hari Sabat domba itu jatuh ke dalam lubang yang dalam? Tentunya kamu akan berusaha untuk mengeluarkannya dari lubang itu. Manusia lebih berharga daripada domba! Oleh itu, Taurat kita membenarkan kita menolong seseorang pada hari Sabat (Matius 12:11-12).

Oleh sebab orang Farisi telah dipenuhi mindanya dengan rangka kerja hukum yang terbentuk dalam tradisi nenek moyang dan fikiran dan cara hidup yang mementingkan diri sendiri, mereka gagal menyedari kehendak sebenar Tuhan yang terkandung dalam hukum, malah tidak mengenali Yesus, yang turun ke dunia sebagai Penyelamat.

Yesus sering mengingatkan mereka dan menggesa mereka supaya bertaubat dan meninggalkan perkara yang salah. Dia menegur mereka kerana mereka telah melupakan tujuan utama hukum yang diberikan oleh Tuhan kepada mereka, dan mengubah serta kekal melakukan amalan luaran serta tidak mengikut hukum.

Alangkah malangnya kamu guru Taurat dan orang Farisi! Kamu munafik! Kamu memberikan sepersepuluh daripada berbagai-bagai jenis rempah seperti selasih, adas manis, dan jintan kepada Tuhan. Tetapi kamu tidak mentaati ajaran Taurat yang betul-betul mustahak seperti keadilan, belas kasihan, dan kesetiaan. Semua perkara ini harus kamu lakukan, tanpa melalaikan ajaran yang lain (Matius 23:23).

Alangkah malangnya kamu guru Taurat dan orang Farisi! Kamu munafik! Kamu membersihkan bahagian luar cawan dan pinggan, tetapi bahagian dalamnya penuh dengan apa yang kamu peroleh dengan kekerasan dan ketamakan (Matius 23:25).

Orang Israel, yang berada di bawah pemerintahan Empayar Rom, mempunyai gambaran dalam minda bahawa Mesias akan datang kepada mereka dengan penuh kuasa dan keagungan dan Mesias akan dapat membebaskan mereka daripada kuasa penjajah dan mereka dapat memerintah semua bangsa di dunia.

Sedangkan, Dia seorang lelaki anak pembuat perabot; Dia bergaul dengan orang yang ditinggalkan, sakit, pendosa: Dia memanggil Tuhan "Bapa," dan Dia mengakui bahawa *Dia adalah Cahaya dunia*. Apabila Dia menegur mereka kerana dosa, orang yang mengamalkan hukum dengan standard sendiri dan mengakui diri sebagai orang benar, berasa tertusuk dalam hati dan terluka dengan kata-kata-Nya dan mereka menyalibNya tanpa sebarang sebab.

Tuhan Mahu Kita Memiliki Kasih dan Keampunan

Orang Farisi mengamalkan peraturan agama Yahudi dengan ketat dan meletakkan nilai yang tinggi terhadap adat resam dan tradisi yang telah diamalkan sekian lama. Mereka menganggap pemungut cukai, yang bekerja untuk Empayar Rom, sebagai orang yang berdosa dan mengelakkan diri daripada mereka.

Permulaan Matius 9:10 menyatakan bahawa Yesus duduk semeja di rumah seorang pemungut cukai bernama Matius, dan ramai pemungut cukai dan pendosa lain duduk makan semeja bersama Yesus dan para pengikut-Nya. Apabila orang Farisi melihat ini, mereka berkata kepada pengikut Yesus, "Mengapa guru kamu makan bersama-sama pemungut cukai dan orang yang dihina masyarakat?" Apabila Yesus mendengar mereka mengutuk pengikut-Nya, Dia menerangkan kepada mereka tentang hati Tuhan. Tuhan memberikan kasih dan belas kasihan yang tidak putus-putus kepada sesiapa yang bertaubat dari hati atas dosanya dan berpaling daripada dosa.

Matius 9:12-13 meneruskan, Yesus mendengar pertanyaan mereka lalu menjawab, *"Orang sihat tidak memerlukan doktor; hanya orang yang sakit. Carilah makna ayat Alkitab ini: 'Aku menghendaki belas kasihan dan bukan korban binatang.' Itulah sebabnya Aku tidak datang untuk memanggil orang yang menganggap diri mereka baik, tetapi orang yang dihina masyarakat."*

Apabila berita tentang kekejaman orang Niniwe sampai ke syurga, Tuhan mahu memusnahkan bandar Niniwe. Tetapi, sebelum itu, Tuhan menghantarkan nabinya, Yunus, untuk membuatkan mereka bertaubat daripada dosa. Mereka berpuasa dan benar-benar bertaubat daripada dosa, dan Tuhan membatalkan keputusan-Nya untuk memusnahkan mereka. Namun, orang Farisi yang berpendapat bahawa bagi sesiapa yang melanggar hukum, tiada pilihan lain baginya selain penghakiman. Bahagian paling penting dalam hukum adalah kasih dan keampunan yang tidak putus-putus, tetapi orang Farisi berpendapat bahawa menghakimi seseorang adalah lebih betul dan bernilai daripada mengampuninya dengan kasih.

Dengan cara yang sama, apabila kita tidak memahami hati Tuhan yang telah memberikan kita hukum, kita dipaksa untuk menghakimi segala-galanya dengan fikiran dan teori sendiri dan penghakiman itu akan didapati salah dan menentang Tuhan.

Matlamat Sebenar Tuhan Memberikan Hukum

Tuhan menciptakan syurga dan bumi dan segala-gala yang ada di dalamnya serta menciptakan manusia dengan tujuan mendapatkan anak-anak sebenar yang menyerupai hati-Nya. Dengan tujuan ini, Tuhan memberitahu umat-Nya *"haruslah kamu kudus, sebab Aku ini kudus"* (Imamat 11:44) (Alkitab, Lembaga Alkitab Indonesia). Dia mahukan kita supaya takut akan-Nya apabila kita tidak suci tetapi kita akan suci dengan cara membuang semua kejahatan dalam hati.

Pada zaman Yesus, orang Farisi dan ahli Taurat lebih berminat dengan persembahan dan amalan taat kepada hukum dan bukannya menyucikan hati mereka. Tuhan suka hati yang patah dan kesal berbanding dengan persembahan (Mazmur 51:16-17), jadi Dia memberikan kita hukum untuk kita bertaubat daripada dosa dan menjauhi dosa melalui hukum.

Kehendak Sebenar Tuhan yang Terkandung dalam Hukum Perjanjian Lama

Hal ini tidak menyatakan bahawa amalan orang Israel dalam mematuhi hukum tidak bermakna mereka langsung tidak mempunyai kasih kepada Tuhan. Tetapi perkara yang Tuhan amat mahu mereka lakukan adalah penyucian hati. Oleh itu, Dia menegur mereka dengan serius melalui Nabi Yesaya.

TUHAN berfirman, "Jangan berfikir bahawa Aku mahu segala korban yang terus-menerus kamu persembahkan kepada-Ku! Aku sudah bosan dengan domba yang kamu persembahkan sebagai korban untuk menyenangkan hati-Ku, dan lemak binatang yang digemukkan. Aku jemu dengan darah lembu jantan, domba, dan kambing. Siapakah yang menyuruuh kamu membawa semua itu apabila kamu datang beribadat kepada-Ku? Jangan pijak halaman Rumah-Ku lagi. Sia-sia sahaja kamu membawa persembahan kamu. Aku muak dengan bau kemenyan yang kamu bakar. Aku tidak tahan lagi melihat kamu merayakan Bulan Baru, hari Sabat, dan pertemuan keagamaan kamu. Semuanya telah dinajiskan oleh dosa kamu" (Yesaya 1:11-13).

Makna sebenar mengamalkan hukum bukanlah hanya amalan luaran tetapi hati dalaman yang penuh rela. Oleh itu, Tuhan tidak bersukacita dengan banyak persembahan yang diberikan hanya disebabkan ia satu tabiat dan amalan luaran apabila masuk ke rumah suci. Tidak kira berapa banyak korban yang dipersembahkan oleh mereka menurut hukum, Tuhan tidak bersukacita kerana hati mereka tidak selari dengan kehendak Tuhan.

Hal ini sama juga dengan doa kita. Dalam doa, perbuatan berdoa itu tidak penting tetapi sikap hati kita itu yang lebih penting. Mazmur 66:18 menyatakan, *"Andaikata aku membiarkan dosa dalam hatiku, pasti Tuhan tidak akan mendengar aku."* Tuhan memberitahu kita melalui Yesus bahawa Dia tidak bersukacita dengan doa yang bersifat hipokrit atau menunjuk-nunjuk, tetapi hanya doa yang ikhlas yang datang dari hati.

Apabila kamu berdoa, jangan seperti orang munafik. Mereka suka berdoa sambil berdiri di rumah ibadat dan di simpang jalan supaya dilihat orang. Ketahuilah, mereka sudah menerima ganjaran mereka. Tetapi apabila kamu berdoa, masuklah ke bilik dan tutuplah pintu, lalu berdoalah kepada Bapa kamu yang tidak kelihatan itu. Bapa kamu yang mengetahui apa yang kamu lakukan secara tersembunyi itu, akan memberikan pahala kepada kamu (Matius 6:5-6).

Hal ini sama juga apabila kita bertaubat dari dosa. Apabila kita bertaubat dari dosa, Tuhan tidak mahu kita mengoyakkan baju dan meratap dengan debu tetapi mencarikkan hati dan bertaubat dari hati. Perbuatan bertaubat sendiri tidak penting, dan apabila kita bertaubat dosa dari hati dan berpaling daripadanya, Tuhan menerima taubat itu.

TUHAN berfirman, "Tetapi sekarang bertaubatlah

dengan sungguh-sungguh dan kembalilah kepada-Ku
dengan berpuasa, menangis, dan meratap. Biarlah hati
kamu yang hancur itu menyatakan penyesalan, jangan
hanya mengoyakkan pakaian" (Yoel 2:12-13).

Dalam kata lain, Tuhan mahu menerima hati orang yang mengamalkan hukum dan bukan tindakan mengamalkan hukum itu sendiri. Hal ini diterangkan sebagai "penyunatan hati" dalam Alkitab. Kita boleh menyunatkan anggota tubuh dengan memotong kulit khatan, dan kita boleh menyunatkan kulit hati melalui pemotongan hati.

Penyunatan Hati yang Tuhan Mahukan

Apakah yang diterangkan dengan terperinci mengenai penyunatan hati? Ia merujuk kepada "pemotongan dan penyingkiran semua jenis kejahatan dan dosa termasuklah iri hati, cemburu, panas baran, perasaan tidak baik, zina, dusta, memperdaya, mengadili, dan mengutuk dari hati." Apabila anda memotong dosa dan kejahatan daripada hati dan mematuhi hukum, Tuhan menerimanya sebagai kepatuhan yang sempurna.

Sunatlah dirimu bagi TUHAN, dan jauhkanlah
kulit khatan hatimu, hai orang Yehuda dan penduduk
Yerusalem, supaya jangan murkaKu mengamuk
seperti api, dan menyala-nyala dengan tidak ada yang
memadamkan, oleh karena perbuatan-perbuatanmu yang

jahat (Yeremia 4:4) (Alkitab, Lembaga Alkitab Indonesia).

Sebab itu sunatlah hatimu dan janganlah lagi kamu tegar tengkuk (Ulangan 10:16) (Alkitab, Lembaga Alkitab Indonesia).

Orang Mesir, orang Yehuda, orang Edom, bani Amon, orang Moab dan semua orang yang berpotong tepi rambutnya berkeliling, orang-orang yang diam di padang gurun, sebab segala bangsa tidak bersunat dan segenap kaum Israel tidak bersunat hatinya (Yeremia 9:26) (Alkitab, Lembaga Alkitab Indonesia).

Dan TUHAN, Tuhanmu, akan menyunat hatimu dan hati keturunanmu, sehingga engkau mengasihi TUHAN, Tuhanmu, dengan segenap hatimu dan dengan segenap jiwamu, supaya engkau hidup (Ulangan 30:6) (Alkitab, Lembaga Alkitab Indonesia).

Oleh itu, Perjanjian Lama sering menggesa kita untuk menyunatkan hati, sebab hanya orang yang disunatkan hatinya dapat mengasihi Tuhan dengan sepenuh hati dan jiwa.

Tuhan mahukan anak-anak-Nya menjadi suci dan sempurna. Dalam Kejadian 17:1, Tuhan memberitahu Abraham supaya "tidak bercela," dan dalam Imamat 19:2, Dia memerintahkan orang Israel untuk "menjadi suci."

Yohanes 10:35 menyatakan, *"Tuhan menyebut orang yang menerima firman-Nya sebagai ilahi,"* dan 2 Petrus 1:4 menyatakan, *"Dengan cara ini Dia telah mengurniai kita berkat-berkat yang sangat baik dan berharga yang dijanjikan-Nya. Dengan berkat-berkat itu kamu terlepas daripada keinginan jahat yang membinasakan, yang terdapat dalam dunia ini, dan kamu menerima sifat Tuhan sendiri."*

Pada zaman Perjanjian lama mereka diselamatkan melalui tindakan mematuhi hukum, manakala pada zaman Perjanjian Baru mereka dapat diselamatkan melalui keimanan dalam Yesus Kristus yang memenuhi hukum dengan kasih.

Penyelamatan melalui tindakan, pada zaman Perjanjian Lama, dapat berlaku kerana mereka mempunyai keinginan dosa untuk membunuh, membenci, melakukan zina dan menipu, tetapi tidak melakukan tindakan ini. Pada zaman Perjanjian Lama, Roh Kudus tidak berdiam di dalam diri mereka dan justeru itu mereka tidak dapat menyingkirkan keinginan dosa dengan kekuatan sendiri. Oleh itu, apabila mereka tidak melakukan dosa dengan tindakan luaran, mereka tidak dianggap sebagai berdosa.

Namun, pada zaman Perjanjian Baru, kita dapat mencapai penyelamatan hanya apabila kita menyunatkan hati dengan keimanan. Roh Kudus memberitahu kita tentang dosa, kebenaran, dan penghakiman dan membantu kita hidup dengan firman Tuhan, supaya kita dapat menyingkirkan dusta dan sifat alamiah dosa serta menyunatkan hati kita dengan bantuan Roh

Kudus.

Penyelamatan melalui keimanan dalam Yesus Kristus bukan diberikan hanya apabila seseorang mengetahui dan percaya bahawa Yesus Kristus ialah Penyelamat. Hanya apabila kita membuang kejahatan dari dalam hati kerana kita kasih akan Tuhan dan berjalan dalam kebenaran dengan keimanan, Tuhan menganggapnya sebagai keimanan sebenar dan memimpin kita bukan hanya untuk penyelamatan penuh, tetapi juga ke jalan jawapan dan rahmat yang menakjubkan.

Cara Menyenangkan Hati Tuhan

Secara semula jadi anak Tuhan tidak berdosa dari segi tindakan. Adalah biasa juga baginya untuk menyingkirkan dusta dan keinginan dosa dalam hati dan menyerupai kekudusan Tuhan. Jika anda tidak melakukan dosa dari segi tindakan tetapi menyimpan keinginan dosa dalam diri yang Tuhan tidak mahukan, anda tidak dapat dianggap benar oleh Tuhan.

Itulah sebabnya dalam Matius 5:27-28 dinyatakan, *"Kamu sudah mendengar ajaran seperti berikut: 'Jangan berzina.' Tetapi sekarang Aku berkata kepada kamu: Sesiapa memandang seorang wanita dengan perasaan berahi, orang itu sudah berzina dengan dia di dalam hati."*

Seperti yang dinyatakan dalam 1 Yohanes 3:15, *"Sesiapa membenci saudaranya, dia pembunuh. Kamu tahu bahawa seorang pembunuh tidak mempunyai hidup sejati dan kekal."* Ayat ini menggesa kita untuk menyingkirkan kebencian dalam hati.

Bagaimanakah anda harus bertindak terhadap musuh yang membenci anda supaya ia selaras dengan kehendak Tuhan dan menyenangkan hati-Nya?

Hukum Perjanjian Lama menyatakan, "Mata ganti mata [dan] gigi ganti gigi." Dengan kata lain, hukum itu menyatakan, *"Seperti dibuatnya orang lain bercacat, begitulah harus dibuat kepadanya"* (Imamat 24:20). Ia adalah untuk menghalang seseorang daripada mencederakan atau menyebabkan kecelakaan terhadap orang lain dengan peraturan yang ketat. Hal ini kerana Tuhan tahu bahawa manusia cuba membalas balik terhadap orang lain dengan lebih daripada apa yang berlaku ke atasnya, kerana kejahatan mereka sendiri.

Raja Daud dipuji sebagai manusia yang berusaha menyenangkan hati Tuhan. Apabila Raja Saul cuba membunuhnya, Daud tidak membalas dengan kejahatan bagi semua kejahatan yang telah dilakukan oleh Raja Saul, malah melayannya dengan kebaikan sehingga saat akhir. Daud faham makna sebenar yang terkandung dalam hukum dan hidup hanya berpandukan firman Tuhan.

Jangan balasa dendam terhadap sesiapa pun, atau terus-menerus membenci orang. Kasihilah sesama kamu sebagaimana kamu mengasihi diri kamu sendiri. Akulah TUHAN (Imamat 19:18).

Jangan bersukacita apabila musuhmu kena celaka, dan jangan tertawa apabila dia jatuh (Amsal 24:17).

Jika musuh kamu lapar, berilah mereka makan; jika mereka dahaga, berilah mereka minum (Amsal 25:21).

Kamu sudah mendengar ajaran seperti berikut: 'Kasihilah sahabatmu, dan bencilah musuhmu.' Tetapi sekarang Aku berkata kepada kamu: Kasihilah musuh kamu dan berdoalah bagi orang yang menganiaya kamu (Matius 5:43-44).

Menurut ayat-ayat di atas, jika anda kelihatan seperti mematuhi hukum tetapi tidak memaafkan seseorang yang memberikan masalah kepada anda, Tuhan tidak akan senang hati. Hal ini kerana Tuhan telah memberitahu kita untuk mengasihi musuh kita. Apabila anda menurut hukum dan melakukannya dengan hati yang Tuhan mahu anda miliki, anda akan dianggap telah mematuhi firman Tuhan dengan sepenuhnya.

Hukum, Tanda Kasih Tuhan

Tuhan yang Maha Kasih mahu memberikan kita rahmat yang berterusan, tetapi kerana Dia Tuhan yang maha adil, Dia tiada pilihan melainkan menyerahkan kita kepada syaitan jika kita melakukan dosa. Itulah sebabnya sesetengah orang yang percaya kepada Tuhan menderita penyakit dan mendapat kemalangan serta bencana apabila mereka tidak hidup berpandukan firman Tuhan.

Tuhan telah memberikan kita banyak perintah dalam kasih-Nya untuk melindungi kita daripada kesakitan dan ujian. Berapa banyakkah arahan yang diberikan oleh ibu bapa kepada anak-anak mereka untuk melindungi mereka daripada penyakit dan kemalangan?

"Cuci tangan apabila pulang ke rumah."

"Gosok gigi selepas makan."

"Pandang kiri kanan sebelum melintas jalan."

Dengan cara yang sama, Tuhan meminta kita untuk mematuhi perintah dan peraturan-Nya demi kebaikan kita, dalam kasih-Nya (Ulangan 10:13). Mengingati dan mengamalkan firman Tuhan ibarat lampu dalam perjalanan hidup kita. Tidak kira betapa gelap, kita akan dapat berjalan ke destinasi dengan sebuah lampu, dan dengan cara yang sama, apabila cahaya Tuhan berada bersama kita, kita akan dilindungi dan menikmati keistimewaan dan rahmat sebagai anak Tuhan.

Betapa senangnya hati Tuhan apabila Dia melindungi anak yang mematuhi firman-Nya dengan mata-Nya yang bersinar dan memberikan mereka apa-apa sahaja yang mereka minta. Anak-anak ini dapat mengubah hati mereka menjadi hati yang bersih dan baik, dan menyerupai Tuhan sebanyak mana mereka berpegang dan mematuhi firman Tuhan, dan merasai kedalaman kasih Tuhan dan mereka dapat mengasihi-Nya dengan lebih lagi.

Oleh itu, hukum yang Tuhan berikan kepada kita adalah seperti buku kasih yang memberikan garis panduan untuk mendapatkan rahmat paling baik bagi kita yang berada dalam pemupukan Tuhan di dunia ini. Hukum Tuhan tidak membebankan kita tetapi melindungi kita daripada segala jenis bencana yang dikawal oleh Iblis dan syaitan di dunia, dan ia membimbing kita ke jalan rahmat.

Yesus Memenuhi Hukum dengan Kasih

Dalam Ulangan 19:19-21 kita dapati bahawa pada zaman Perjanjian Lama, apabila manusia melakukan dosa dengan mata, mata mereka akan dikorek keluar. Apabila mereka melakukan dosa dengan tangan atau kaki, tangan atau kaki mereka akan dipotong. Jika mereka membunuh atau melakukan zina, mereka akan direjam sampai mati.

Hukum dunia rohani memberitahu kita bahawa kesan dosa adalah kematian. Itulah sebabnya Tuhan menghukum dengan serius orang yang melakukan dosa yang tidak dapat diampunkan, dan oleh itu Dia mahu memberi amaran kepada orang lain supaya tidak melakukan dosa yang sama.

Tetapi Tuhan yang Maha Kasih tidak akan senang hati sepenuhnya dengan keimanan jika mereka berpegang hanya kepada hukum dan berkata "Mata ganti mata, gigi ganti gigi." Sebaliknya, Dia menekankan berkali-kali dalam Perjanjian Lama bahawa mereka patut menyunatkan hati mereka. Dia tidak mahu umat-Nya berasa kesakitan disebabkan hukum, jadi apabila tiba masanya, Dia menghantar Yesus ke dunia dan membiarkan Dia menanggung semua dosa manusia dan memenuhi hukum dengan kasih.

Tanpa penyaliban Yesus, kita akan dipotong kaki atau tangan apabila kita melakukan dosa dengan kaki atau tangan. Tetapi Yesus memikul salib dan menumpahkan darah-Nya yang berharga dengan tangan dan kaki-Nya dipaku, untuk membersihkan semua dosa yang kita lakukan dengan tangan dan kaki. Sekarang, kita tidak perlu memotong tangan atau kaki kerana kasih Tuhan yang hebat ini.

Yesus, yang bersatu dengan Tuhan yang Maha Kasih, turun ke dunia, dan memenuhi hukum dengan kasih. Yesus menjalani kehidupan contoh dengan mematuhi semua hukum Tuhan.

Walaupun Dia mematuhi hukum dengan sepenuhnya, tetapi Dia tidak mengutuk orang yang gagal mematuhi hukum dengan berkata, "Kamu telah melanggar hukum, kamu dalam perjalanan menuju kematian." Sebaliknya, Dia mengajarkan mereka kebenaran, siang dan malam, supaya satu lagi roh akan bertaubat dari dosa dan mencapai penyelamatan, dan tanpa henti Dia bekerja dan menyembuhkan serta membebaskan orang yang dibelenggu penyakit, kelemahan dan dirasuk syaitan.

Kasih Yesus yang amat hebat dapat dilihat apabila seorang wanita yang ditangkap berzina, ditangkap dan dibawa ke hadapan Yesus oleh guru Taurat dan orang Farisi. Dalam bab 8 Injil Yohanes, guru Taurat dan orang Farisi membawa wanita ini ke hadapan Yesus dan bertanya kepadanya, *"Di dalam kitab Taurat, Musa memerintahkan agar wanita seperti ini direjam sehingga mati. Tetapi apakah pendapat guru?"* (ayat 5) Yesus membalas, *"Sesiapa di kalangan kamu yang tidak berdosa boleh melemparkan batu pertama untuk merejam dia"* (ayat 7).

Dengan bertanyakan soalan kepada mereka, Dia berniat untuk menyedarkan mereka bahawa bukan sahaja wanita itu tetapi diri mereka yang menuduh wanita itu berbuat zina dan cuba mencari alasan untuk menuduh Yesus, adalah sama pendosa di hadapan Tuhan dan tiada sesiapa yang patut berani menghukum orang lain. Apabila mereka mendengar hal ini, mereka berasa bersalah dan beredar seorang demi seorang, bermula daripada yang paling tua hingga yang terakhir. Yesus ditinggalkan bersendirian, dan wanita itu berdiri di tengah-tengah.

Yesus melihat tiada sesiapa di sana melainkan wanita itu dan berkata kepadanya, *"Di manakah mereka? Tidak adakah orang yang menghukum kamu?"* (ayat 10) Dia berkata, "Tidak ada, Tuhan." Dan Yesus berkata kepadanya, *"Aku pun tidak menghukum kamu. Pergilah dan janganlah berdosa lagi"* (ayat 11).

Apabila wanita itu dihadapkan dan dosanya yang tidak dapat diampunkan telah didedahkan, dia menjadi amat takut. Jadi, apabila Yesus memaafkannya, anda boleh bayangkan betapa dia menitiskan air matanya dengan penuh emosi dan kesyukuran. Setiap kali dia mengingati pengampunan dan kasih Yesus, dia tidak akan berani melanggar hukum dan berdosa lagi. Hal ini berlaku kerana dia bertemu Yesus yang memenuhi hukum dengan kasih.

Yesus memenuhi hukum dengan kasih bukan hanya untuk wanita itu tetapi semua manusia. Dia langsung tidak mementingkan hidup-Nya dan mengorbankan nyawa-Nya untuk kita yang berdosa di atas salib, dengan hati ibu bapa yang sanggup mengorbankan nyawa untuk menyelamatkan anak-anak yang lemas.

Yesus suci dan tiada dosa dan merupakan satu-satunya Anak Tuhan, tetapi Dia menanggung semua kesakitan yang tidak terkatakan, menumpahkan darah dan air serta mengorbankan nyawa-Nya di atas salib untuk kita yang berdosa. Penyaliban-Nya adalah saat paling menyentuh hati dalam mencapai kasih yang paling agung sepanjang sejarah manusia.

Apabila kuasa kasih-Nya datang kepada kita, kita menerima kekuatan untuk berpegang kepada hukum dengan sepenuhnya dan dapat memenuhi hukum dengan kasih seperti Yesus.

Jika Yesus tidak memenuhi hukum dengan kasih, sebaliknya menghukum dan menghakimi sesiapa sahaja hanya dengan hukum dan berpaling daripada orang yang berdosa, berapa orang manusiakah yang dapat diselamatkan di dunia ini? Seperti yang tertulis dalam Alkitab, *"Tidak seorang pun yang benar di sisi*

Tuhan" (Roma 3:10), tiada seorangpun yang dapat diselamatkan.

Oleh itu, anak-anak Tuhan yang telah diampunkan dosanya oleh kasih hebat Tuhan bukan hanya perlu mengasihi-Nya dengan berpegang kepada perintah-Nya dengan rendah hati tetapi juga mengasihi orang lain seperti mereka mengasihi diri sendiri, dan melayani serta memaafkan mereka.

Orang Yang Menghakimi dan Menghukum Orang Lain Menggunakan Hukum

Yesus memenuhi hukum dengan kasih dan menjadi Penyelamat manusia, tetapi apakah yang dilakukan oleh orang Farisi, guru Taurat dan guru hukum? Mereka bertegas untuk mematuhi hukum dengan tindakan, dan bukannya menyucikan hati mereka seperti yang Tuhan mahukan, tetapi mereka fikir mereka telah sepenuhnya mematuhi hukum. Selain itu, mereka tidak memaafkan orang yang tidak mematuhi hukum tetapi menghakimi dan menghukum mereka.

Tetapi Tuhan kita tidak pernah mahu kita menghakimi dan menghukum orang lain tanpa belas kasihan dan kasih. Dia juga tidak mahu kita bersusah-payah mematuhi hukum tanpa mengalami kasih Tuhan. Jika kita mematuhi hukum tetapi gagal memahami hati Tuhan dan gagal melakukannya dengan kasih, ia tidak memberikan kita apa-apa.

Meskipun aku mempunyai kurnia untuk menyampaikan
perkhabaran daripada Tuhan, dan memahami hal-hal
yang dalam, serta hal-hal yang tersembunyi, dan aku
juga sangat percaya kepada Tuhan sehingga dapat
mengalihkan gunung, tetapi jika aku tidak mengasihi
orang lain, maka aku tidak berguna. Meskipun aku
mendermakan semua milikku kepada orang miskin, dan
menyerahkan diriku untuk dibakar, tetapi jika aku tidak
mengasihi orang lain, maka semua itu tidak berfaedah
bagiku (1 Korintus 13:2-3).

Tuhan adalah kasih, dan Dia gembira dan merahmati
kita apabila kita mempunyai kasih. Pada zaman Yesus orang
Farisi gagal memiliki kasih dalam hati mereka apabila
mereka mematuhi hukum dengan tindakan, dan hal ini tidak
memberikan mereka apa-apa. Mereka menghakimi dan
menghukum orang lain dengan pengetahuan hukum, dan hal
ini menyebabkan mereka jauh daripada Tuhan dan akibatnya,
mereka menyalib Anak Tuhan.

Apabila Anda Memahami Kehendak Sebenar Tuhan yang Terkandung dalam Hukum

Semasa zaman Perjanjian Lama pun, ada bapa keimanan yang
hebat, yang memahami kehendak sebenar Tuhan dalam hukum.
Bapa keimanan termasuklah Abraham, Yusuf, Musa, Daud, dan
Elia, tidak hanya menyimpan hukum, tetapi mereka juga cuba

sebaik mungkin untuk menjadi anak sebenar Tuhan dengan tekun menyunatkan hati mereka.

Namun, apabila Yesus dihantar sebagai Mesias oleh Tuhan untuk mengajarkan orang Yahudi tentang Tuhan Abraham, Tuhan Ishak, dan Tuhan Yakub, mereka tidak dapat mengenali-Nya. Hal ini kerana mereka dibutakan oleh tradisi nenek moyang dan tindakan mematuhi hukum.

Untuk membuktikan bahawa Dia ialah Anak Tuhan, Yesus melakukan mukjizat dan tanda yang menakjubkan yang hanya dapat berlaku dengan kuasa Tuhan. Tetapi mereka tidak mengenali Yesus dan tidak menerima-Nya sebagai Mesias.

Tetapi hal yang berbeza berlaku kepada orang Yahudi yang mempunyai hati yang baik. Apabila mereka mendengar ajaran Yesus, mereka percaya kepada-Nya dan apabila mereka melihat tanda mukjizat yang dilakukan-Nya, mereka percaya bahawa Tuhan ada bersama-Nya. Dalam bab 3 Injil Yohanes, seorang Farisi bernama "Nikodemus" datang berjumpa Yesus pada suatu malam dan berkata kepada-Nya.

Guru, kami tahu bahawa guru diutus oleh Tuhan untuk mengajar kami. Tidak seorang pun dapat melakukan mukjizat seperti yang guru lakukan, kecuali Tuhan menyertai dia (Yohanes 3:2).

Tuhan yang Maha Kasih Menantikan Kepulangan Israel

Mengapakah kebanyakan orang Yahudi gagal mengenali Yesus yang datang ke dunia sebagai Penyelamat? Mereka telah membentuk rangka hukum dalam minda mereka sendiri dan percaya bahawa mereka mengasihi dan berkhidmat kepada Tuhan, dan tidak mahu menerima perkara yang berbeza daripada rangka mereka.

Sehinggalah dia bertemu Yesus, Paulus dengan tegas percaya bahawa mematuhi hukum dan tradisi nenek moyang dengan sepenuhnya bermakna mengasihi dan berkhidmat kepada Tuhan. Itulah sebabnya dia tidak menerima Yesus sebagai Penyelamat tetapi menghukum-Nya dan pengikut-Nya. Selepas Dia bertemu Yesus yang dibangkitkan semula dalam perjalanan ke Damaskus, rangka pemikirannya dimusnahkan dan dia menjadi rasul Tuhannya, Yesus Kristus. Sejak itu, dia malah sanggup menggadai nyawanya untuk Yesus.

Keinginan untuk mematuhi hukum ialah ciri paling kuat dalam diri orang Yahudi dan sifat utama umat pilihan Tuhan, Israel. Oleh itu, apabila mereka menyedari kehendak sebenar Tuhan dalam hukum, mereka akan dapat mengasihi Tuhan lebih daripada orang atau kaum lain dan setia kepada Tuhan sepanjang hidup mereka.

Apabila Tuhan memimpin orang Israel keluar dari Mesir, Dia memberikan mereka semua hukum dan perintah melalui

Musa, dan memberitahu mereka apa yang Dia mahu mereka lakukan. Dia berjanji bahawa jika mereka mengasihi Tuhan, menyunatkan hati mereka dan hidup berpandukan kehendak-Nya, Dia akan bersama mereka dan memberikan mereka rahmat yang menakjubkan.

Jika kamu dan keturunan kamu bersedia kembali kepada TUHAN, Tuhan kamu, dan dengan sepenuh hati kamu mentaati semua perintah-Nya yang aku berikan kepada kamu hari ini, maka TUHAN, Tuhan kamu akan mengasihani kamu. Dia akan membawa kamu kembali dari negeri-negeri tempat Dia mencerai-beraikan kamu, lalu menjadikan kamu makmur semula. Meskipun kamu sudah dicerai-beraikan ke seluruh dunia, TUHAN, Tuhan kamu akan mengumpulkan kamu dan membawa kamu kembali. Oleh itu kamu akan memiliki semula tanah yang diduduki nenek moyang kamu dahulu. Dia akan menjadikan kamu lebih makmur dan lebih besar bilangannya daripada nenek moyang kamu. TUHAN, Tuhan kamu akan memberi kamu dan keturunan kamu hati yang taat supaya kamu akan mengasihi Dia dengan sepenuh hati, dan dapat tinggal terus di tanah itu. Dia akan menjatuhkan segala kutuk itu kepada musuh yang membenci dan menindas kamu. Kamu akan kembali mentaati TUHAN dan menjalankan segala perintah-Nya yang aku berikan kepada kamu hari ini (Ulangan 30:2-8).

Seperti yang Tuhan janjikan kepada orang Israel dalam ayat-ayat ini, Dia mengumpulkan orang yang berselerak di seluruh dunia dan membolehkan mereka mengambil semula negara mereka dalam tempoh dua ribu tahun, dan meletakkan mereka di kedudukan paling tinggi antara semua bangsa di dunia. Namun demikian, Israel gagal menyedari kasih Tuhan yang hebat melalui penyaliban dan rencana-Nya yang menakjubkan dalam penciptaan dan pemupukan manusia tetapi masih mengikut tindakan mengamalkan hukum dan tradisi nenek moyang.

Tuhan yang Maha Kasih sangat berharap dan menunggu mereka untuk melupakan iman mereka sendiri yang tidak benar dan berubah menjadi anak sejati dengan secepat mungkin. Pertama sekali, mereka perlu membuka hati mereka dan menerima Yesus yang dihantar oleh Tuhan sebagai Penyelamat manusia dan mendapat keampunan bagi dosa mereka. Seterusnya, mereka perlu menyedari kehendak sebenar Tuhan yang diberikan melalui hukum dan untuk memiliki iman yang benar dengan mematuhi Firman Tuhan, melalui penyunatan hati supaya mereka dapat mencapai penyelamatan yang sempurna.

Saya berdoa dengan bersungguh-sungguh agar Israel dapat mengembalikan imej Tuhan yang hilang melalui keimanan yang menyenangkan hati Tuhan dan menjadi anak-anak-Nya yang sejati, supaya mereka dapat menikmati semua rahmat yang Tuhan janjikan, dan hidup dalam keagungan syurga abadi.

Masjidil Haram, Masjid yang terletak dalam kota suci Yerusalem yang hilang.

Bab 4

Lihat dan Dengar!

Menuju ke Akhir Zaman Dunia

Alkitab menjelaskan kepada kita tentang permulaan sejarah manusia dan penamatnya. Sudah beberapa ribu tahun, Tuhan memberitahu kita melalui Alkitab tentang sejarah pemupukan manusia. Sejarah bermula dengan manusia pertama di bumi, Adam, dan akan diakhiri dengan Kedatangan Kedua Yesus di udara.

Pada jam Tuhan bagi sejarah pemupukan manusia, pukul berapakah sekarang dan berapa hari dan jam yang tinggal sehingga jam berbunyi menandakan saat akhir pemupukan manusia? Sekarang mari kita lihat bagaimana Tuhan kasih telah merancang dan menetapkan kehendak-Nya untuk memimpin Israel ke jalan keselamatan.

Ramalan dalam Alkitab Dipenuhi dalam Perjalanan Sejarah Manusia

Ada banyak nubuat dalam Alkitab, dan kesemuanya adalah Firman Tuhan Pencipta yang Maha Kuasa. Seperti yang dinyatakan dalam Yesaya 55:11, *"Demikian jugalah firman yang Aku ucapkan akan berjaya mencapai tujuan-Ku, dan melakukan setiap perkara yang Aku tentukan,"* Firman Tuhan telah dipenuhi dengan tepat setakat ini, dan setiap perkataan telah dipenuhi.

Sejarah Israel jelas membuktikan nubuat-nubuat Alkitab telah dipenuhi dengan tepat tanpa sedikit pun kesilapannya. Sejarah Israel telah dicapai menurut nubuat yang dicatatkan dalam Alkitab: 400 tahun perhambaan Israel di Mesir dan Keluaran; mereka memasuki tanah Kanaan yang dilimpahi susu dan madu; perpecahan kerajaan kepada dua – Israel dan Yehuda dan kemusnahannya kedua-duanya; tawanan Babilonia; kepulangan Israel ke tanah asal; kelahiran Mesias, penyaliban Mesias; kemusnahan Israel dan penyerakan ke seluruh dunia serta penubuhan semula Israel sebagai sebuah negara serta kemerdekaannya.

Sejarah manusia adalah di bawah kawalan Tuhan yang Maha Kuasa, dan bila-bila Dia mahu mencapai sesuatu yang penting, Dia memberitahu manusia terlebih dahulu apa yang akan berlaku (Amos 3:7). Tuhan telah memberitahu Nuh, seorang lelaki yang benar dan tidak berbuat salah pada zamannya, bahawa Banjir Besar akan memusnahkan seluruh bumi. Dia memberitahu Abraham bahawa bandar Sodom dan Gomora akan dimusnahkan dan Dia membenarkan Nabi Daniel dan rasul Paulus tahu apa yang akan berlaku pada akhir zaman.

Kebanyakan nubuat ini dicatatkan dalam Alkitab dan telah dipenuhi dengan tepat, dan nubuat yang akan dipenuhi adalah Kedatangan Kedua Yesus dan beberapa perkara yang akan berlaku sebelum itu.

Tanda Akhir Zaman

Hari ini, tidak kira betapa serius kita menerangkan bahawa kini adalah akhir zaman, ramai orang tidak mahu mempercayainya. Mereka tidak mahu menerimanya dan berpendapat bahawa orang yang bercakap tentang akhir zaman adalah pelik, dan cuba mengelak daripada mendengar kata-kata mereka. Mereka fikir matahari akan terbit dan terbenam, manusia akan lahir dan mati, dan tamadun manusia akan berterusan seperti biasa.

Alkitab mencatatkan hal ini tentang akhir zaman, *Mula-mula kamu harus mengerti bahawa pada akhir zaman akan muncul beberapa orang yang kehidupan mereka dikuasai oleh hawa nafsu. Mereka akan memperolok-olokkan kamu dengan berkata, "Bukankah Tuhan berjanji akan datang? Di manakah Dia? Ibu bapa kita sudah meninggal, tetapi segala-galanya masih sama sahaja sejak kejadian alam!"* (2 Petrus 3:3-4)

Apabila manusia dilahirkan, akan ada masa untuknya mati juga. Dengan cara yang sama, sepertimana ada permulaan, sejarah manusia juga akan ada penamat. Apabila masa yang ditetapkan oleh Tuhan tiba, semua benda dalam dunia ini akan berakhir.

Pada waktu itu juga akan muncul Mikhael,

pemimpin besar itu, yang akan mendampingi anak-anak bangsamu. Dan akan ada suatu waktu kesesakan yang besar, seperti yang belum pernah terjadi sejak ada bangsa-bangsa sampai pada waktu itu. Tetapi pada waktu itu bangsamu akan terluput, yakni barang siapa yang didapati namanya tertulis dalam Kitab itu. Dan banyak dari antara orang-orang yang telah tidur di dalam debu tanah, akan bangun, sebahagian untuk mendapat hidup yang kekal, sebahagian untuk mengalami kehinaan dan kengerian yang kekal. Dan orang-orang bijaksana akan bercahaya seperti cahaya cakerawala, dan yang telah menuntun banyak orang kepada kebenaran seperti bintang-bintang, tetap untuk selama-lamanya. Tetapi engkau, Daniel, sembunyikanlah segala firman itu, dan meteraikanlah Kitab itu sampai pada akhir zaman; banyak orang akan menyelidikinya, dan pengetahuan akan bertambah (Daniel 12:1-4). (Alkitab, Lembaga Alkitab Indonesia)

Melalui Nabi Daniel, Tuhan bernubuat tentang apa yang akan berlaku pada akhir zaman. Sesetengah orang menyatakan bahawa nubuat yang diberikan melalui Daniel telahpun dipenuhi dalam sejarah lepas. Tetapi nubuat ini akan dipenuhi dengan sepenuhnya pada saat akhir sejarah manusia, dan ia sejajar sepenuhnya dengan tanda akhir zaman dunia yang tertulis dalam Perjanjian Baru.

Nubuat Daniel ini berkaitan dengan Kedatangan Kedua

Yesus. Ayat 1 menyatakan, *"Dan akan ada suatu waktu kesesakan yang besar, seperti yang belum pernah terjadi sejak ada bangsa-bangsa sampai pada waktu itu. Tetapi pada waktu itu bangsamu akan terluput, yakni barang siapa yang didapati namanya tertulis dalam Kitab itu,"* menerangkan kepada kita tentang Bencana Dahsyat Tujuh Tahun yang akan berlaku pada akhir zaman dan tentang penyelamatan sipi-sipi.

Bahagian kedua ayat 4 menyatakan, *"Banyak orang akan menyelidikinya, dan pengetahuan akan bertambah,"* menerangkan tentang kehidupan harian yang dijalani oleh ramai orang hari ini. Nubuat Daniel ini jelas sekali tidak merujuk kepada kemusnahan Israel yang berlaku pada tahun 70 M, tetapi adalah tanda akhir zaman.

Yesus bercakap dengan pengikut-Nya tentang tanda-tanda akhir zaman dengan terperinci. Dalam Matius 24:6-7, 11-12, Dia berkata, *"Kamu akan mendengar riuh pertempuran dan berita peperangan. Satu bangsa akan berperang melawan bangsa yang lain. Satu kerajaan akan menyerang kerajaan yang lain. Di mana-mana akan berlaku kebuluran dan gempa bumi. Lalu banyak nabi palsu akan muncul dan menipu banyak orang. Kejahatan semakin merebak sehingga kasih kebanyakan orang hampir lenyap. Kamu akan mendengar deru perang atau khabar-khabar tentang perang. Sebab bangsa akan bangkit melawan bangsa, dan kerajaan melawan kerajaan. Akan ada kelaparan dan gempa bumi di berbagai tempat. Banyak nabi palsu akan muncul dan menyesatkan banyak orang.*

Dan kerana makin bertambahnya kedurhakaan, maka kasih
kebanyakan orang akan menjadi dingin."

Apakah situasi dunia pada hari ini? Kita mendengar berita tentang perang dan khabar angin tentang perang dan keganasan meningkat hari demi hari. Bangsa berperang sesama sendiri dan kerajaan bangkit menentang antara satu sama lain. Ada banyak kebuluran dan gempa bumi yang berlaku. Ada banyak juga jenis bencana alam, dan bencana yang disebabkan oleh keadaan cuaca yang tidak menentu. Selain itu, keingkaran menuruti undang-undang semakin tersebar luas di dunia, dosa dan kejahatan berleluasa di seluruh dunia, serta kasih manusia semakin dingin.

Hal yang sama dicatatkan dalam Surat Kedua Timotius.

Ingatlah hal ini! Pada hari-hari terakhir akan timbul
banyak kesusahan. Manusia akan mementingkan diri
sendiri, tamak dan serakah, sombong dan bongkak.
Mereka akan menghina dan melawan ibu bapa,
tidak tahu berterima kasih dan tidak mahu mengenal
Tuhan. Mereka tidak mengasihi sesama manusia,
tidak berbelas kasihan, suka mengumpat, suka akan
keganasan; mereka kejam dan benci akan kebaikan.
Mereka suka berkhianat, tidak berfikir panjang dan
sombong. Mereka lebih menyukai kesenangan dunia
daripada mengasihi Tuhan. Pada lahirnya mereka
menjalankan kewajipan agama kita, tetapi mereka

tidak menurut ajarannya. Jauhkanlah dirimu daripada mereka (2 Timotius 3:1-5).

Hari ini manusia tidak menyukai perkara yang baik, tetapi mereka menyukai wang dan kesenangan. Mereka mencari kepentingan diri dan melakukan dosa dan kejahatan yang dahsyat termasuklah pembunuhan dan pembakaran tanpa ragu-ragu atau tanpa berfikir. Hal ini terlalu banyak berlaku, dan banyak perkara seperti ini berlaku di sekeliling kita sehinggakan hati manusia telah menjadi lali sehinggakan tiada apa yang dapat membuatkan kebanyakan manusia terkejut lagi. Melihatkan semua hal ini, kita tidak dapat menafikan bahawa arah sejarah manusia benar-benar semakin hampir ke penghujung.

Sejarah Israel sendiri telah menunjukkan tanda Kedatangan Kedua Yesus dan akhir zaman dunia ini.

Matius 24:32-33 menyatakan, *"Biarlah pokok ara memberikan pelajaran kepada kamu. Apabila dahan-dahannya hijau, lembut, dan mula bertunas, kamu tahu bahawa musim panas sudah dekat. Demikian juga apabila kamu melihat semua perkara ini, kamu tahu bahawa waktunya sudah dekat dan segera akan bermula."*
"Pokok ara" di sini merujuk kepada Israel. Pokok ini kelihatan mati semasa musim sejuk, tetapi apabila tiba musim bunga, ia bertunas semula dan rantingnya membesar serta mengeluarkan daun hijau. Sama juga, sejak kemusnahan Israel

yang berlaku pada tahun 70M, Israel seakan-akan telah hilang selama 2,000 tahun tetapi apabila masa yang ditentukan oleh Tuhan tiba, ia mengisytiharkan kemerdekaannya dan Negara Israel ditubuhkan pada 14 Mei 1948.

Apa yang lebih penting adalah kemerdekaan Israel menandakan bahawa Kedatangan Kedua Yesus adalah amat hampir. Oleh itu, Israel perlu menyedari bahawa Mesias, yang masih ditunggu oleh mereka, datang ke dunia dan menjadi Penyelamat semua manusia 2,000 tahun lalu, dan ingat bahawa Yesus Penyelamat akan datang ke dunia sebagai Hakim tidak lama lagi.

Apakah yang berlaku kepada kita yang hidup pada hari-hari terakhir menurut nubuat Alkitab?

Kedatangan Yesus di Udara dan Pengangkatan

Kira-kira 2,000 tahun lalu Yesus telah disalib dan dibangkitkan pada hari ketiga dan mengalahkan kuasa kematian, dan selepas itu Dia diangkat ke syurga dan ramai orang yang hadir menyaksikan pengangkatan-Nya.

Hai orang Galilea, mengapa kamu berdiri menengadah ke langit? Yesus, yang kamu lihat diangkat ke syurga, akan kembali lagi dengan cara yang sama seperti yang kamu lihat tadi (Kisah Para Rasul 1:11).

Yesus membuka gerbang penyelamatan untuk manusia melalui penyaliban dan kebangkitan-Nya, dan kemudian diangkat ke syurga dan duduk di kanan takhta Tuhan dan menyediakan tempat tinggal syurgawi untuk orang yang telah diselamatkan. Dan apabila sejarah umat manusia berakhir, Dia akan kembali untuk membawa kita pulang. Kedatangan Kedua-Nya diterangkan dengan terperinci dalam 1 Tesalonika 4:16-17.

Pada masa itu malaikat agung akan berseru dengan suara yang kuat dan trompet Tuhan dibunyikan, lalu Tuhan sendiri akan turun dari syurga. Mereka yang percaya kepada Kristus dan sudah meninggal dunia akan dihidupkan terlebih dahulu. Kemudian kita yang masih hidup pada waktu itu akan diangkat bersama-sama mereka ke awan untuk berjumpa dengan Tuhan di angkasa. Lalu kita akan bersama-sama Tuhan selama-lamanya.

Sungguh indah apabila Yesus turun ke udara dalam awan kemuliaan dan diiringi malaikat dan angkatan syurgawi yang tidak terkira banyaknya. Orang yang telah diselamatkan akan berada dalam jasad syurgawi yang tidak akan binasa dan bertemu Yesus di udara, dan akan meraikan Jamuan Perkahwinan Tujuh Tahun bersama Yesus, Pengantin Lelaki kita yang abadi.

Orang yang telah diselamatkan akan diangkat ke udara dan bertemu Yesus, yang dinamakan "Pengangkatan." Kerajaan udara merujuk kepada satu bahagian syurga kedua yang disediakan oleh Tuhan untuk Jamuan Perkahwinan Tujuh Tahun.

Tuhan membahagikan dunia rohani kepada beberapa ruangan, dan satu daripadanya adalah syurga kedua. Syurga kedua dibahagikan kepada dua bahagian – Eden adalah dunia cahaya dan dunia kegelapan. Di bahagian dunia cahaya ada ruangan khas yang disediakan untuk Jamuan Perkahwinan Tujuh Tahun.

Orang yang telah menghias diri mereka dengan iman untuk mencapai penyelamatan di dunia yang penuh dengan dosa dan kejahatan, akan diangkat ke udara sebagai pengantin perempuan Yesus, dan kemudian bertemu Yesus dan menikmati Jamuan Perkahwinan selama tujuh tahun.

> *Marilah kita bersukacita dan bergembira! Marilah kita memuji keagungan-Nya, kerana masa perkahwinan Anak Domba sudah tiba dan pengantin perempuan-Nya sudah siap untuk perkahwinan itu. Pengantin perempuan itu telah diberikan kain linen yang bersih dan berkilauan untuk dikenakan. (Pakaian linen itu perbuatan baik yang dilakukan oleh umat Tuhan.) Kemudian malaikat itu berkata kepadaku, "Tuliskan ini: Berbahagialah orang yang telah dijemput ke majlis perkahwinan Anak Domba itu." Malaikat itu berkata lagi, "Inilah firman yang benar daripada Tuhan"* (Wahyu 19:7-9).

Orang yang akan diangkat ke udara akan berasa selesa kerana mereka telah mengatasi dunia dengan keimanan semasa Jamuan Perkahwinan bersama Yesus, manakala orang yang tidak diangkat akan menghadapi bencana yang tidak terkata oleh roh-roh jahat yang dihalau ke dunia ketika Kedatangan Kedua Yesus di udara.

Bencana Dahsyat Tujuh Tahun

Ketika orang yang telah diselamatkan menikmati Jamuan Perkahwinan Tujuh Tahun di udara, dan mengimpikan syurga yang abadi dan menggembirakan, bencana yang paling teruk dan tidak pernah berlaku dalam sejarah manusia akan melanda seluruh bumi dan perkara yang dahsyat akan berlaku.

Bagaimanakah Bencana Dahsyat Tujuh Tahun ini akan bermula? Memandangkan Yesus kembali ke udara dan ramai orang akan diangkat naik sekali gus, orang yang tinggal di bumi akan berasa cemas dan terkejut kerana tiba-tiba sahaja ahli keluarga, kawan-kawan dan jiran mereka hilang, dan mereka akan merayau-rayau mencari.

Akhirnya mereka akan sedar tentang Pengangkatan yang diperkatakan oleh Kristian sebenarnya telahpun berlaku. Mereka berasa takut kerana Bencana Dahsyat Tujuh Tahun akan melanda mereka. Mereka akan diselubungi berasa cemas dan panik. Apabila pemandu kapal terbang, kapal, kereta api, kereta dan kenderaan lain diangkat ke syurga, akan ada banyak kemalangan lalu lintas dan kebakaran akan berlaku, dan bangunan-bangunan akan runtuh, serta dunia akan dipenuhi dengan huru-hara dan kekacauan yang dahsyat.

Pada masa ini, seorang manusia akan muncul dan membawakan keamanan kepada dunia. Dia ialah pemerintah Kesatuan Eropah. Dia akan menggabungkan kuasa politik, ekonomi dan organisasi ketenteraan, dan dengan kuasa kesatuan, dia akan menjaga ketenteraman dan membawa keamanan dunia serta kestabilan dalam masyarakat. Itu sebabnya ramai orang akan bergembira dengan kemunculannya di pentas dunia. Ramai orang akan mengalu-alukan kedatangannya, memberi sokongan dengan setia dan giat membantunya.

Dia ialah antikristus yang disebutkan dalam Alkitab yang akan menerajui Bencana Dahsyat Tujuh Tahun, tetapi untuk beberapa lama, dia akan kelihatan seperti "pembawa keamanan." Secara realitinya, antikristus ini akan membawa keamanan dan keteraturan kepada manusia pada peringkat awal Bencana Dahsyat Tujuh Tahun. Satu alat yang akan digunakannya untuk mendapatkan keamanan dunia adalah tanda binatang, iaitu '666', seperti yang dicatatkan dalam Alkitab.

Dan ia menyebabkan, sehingga kepada semua orang, kecil atau besar, kaya atau miskin, merdeka atau hamba, diberi tanda pada tangan kanannya atau pada dahinya, dan tidak seorangpun yang dapat membeli atau menjual selain dari pada mereka yang memakai tanda itu, yaitu nama binatang itu atau bilangan namanya. Yang penting di sini ialah hikmat: barangsiapa yang bijaksana, baiklah ia menghitung bilangan binatang itu, karena bilangan itu adalah bilangan seorang manusia, dan bilangannya ialah enam ratus enam puluh enam (Wahyu 13:16-18). (Alkitab, Lembaga Alkitab Indonesia)

Apakah Tanda Binatang?

Binatang itu merujuk kepada komputer. Kesatuan Eropah (KE) akan membina organisasi mereka dengan menggunakan komputer. Dengan komputer KE, setiap orang akan diberikan kod bar pada tangan kanan atau dahi mereka. Kod bar ini ialah tanda binatang. Semua maklumat peribadi setiap individu akan diletakkan pada kod bar, dan kod bar ini akan ditanam ke dalam tubuh masing-masing. Dengan kod bar yang ditanam ke dalam tubuh, komputer KE akan dapat memantau, mengawas, memeriksa dan mengawal setiap orang dengan terperinci di mana sahaja dan apa sahaja yang dilakukannya.

Kad kredit dan kad pengenalan biasa akan digantikan dengan tanda binatang, "666." Manusia tidak akan memerlukan wang tunai atau cek lagi. Mereka tidak perlu lagi risau kehilangan barang-barang mereka atau dirompak. Inilah kelebihan yang akan membuatkan tanda "666" tersebar ke seluruh dunia dalam masa yang singkat, dan tanpa tanda ini, manusia tidak akan mempunyai pengenalan, dan dia tidak dapat membeli atau menjual apa-apa.

Dari awal Bencana Dahsyat Tujuh Tahun, manusia akan menerima tanda binatang, tetapi mereka tidak akan dipaksa menerimanya. Mereka akan digalakkan untuk menggunakannya sehinggalah organisasi KE ditubuhkan dengan kukuh. Sebaik sahaja pertengahan pertama Bencana Dahsyat Tujuh Tahun berakhir dan organisasi ini menjadi stabil, KE akan memaksa semua orang diberikan tanda dan tidak akan mengampuni orang yang menolak untuk menerimanya. Kemudian, KE akan mengikat manusia melalui tanda binatang dan memimpin mereka dengan sesuka hatinya.

Pada akhirnya, kebanyakan orang yang masih ada semasa Bencana Dahsyat Tujuh Tahun akan dikawal oleh antikristus dan kerajaan binatang. Memandangkan antikristus ini akan dikawal oleh iblis, KE akan membuatkan manusia menentang Tuhan dan memimpin mereka ke jalan kejahatan, dusta, dosa dan kemusnahan.

Selain itu, sesetengah orang tidak akan menyerah kepada pemerintahan antikristus. Mereka ialah orang yang percaya kepada Yesus Kristus tetapi tidak dapat diangkat ke syurga semasa Kedatangan Kedua Yesus kerana mereka tidak mempunyai iman yang benar.

Sesetengah daripada mereka pernah menerima Yesus dan hidup dalam kasih kurnia Tuhan, tetapi akhirnya hilang kasih kurnia dan kembali kepada dunia, dan ada juga yang mengakui iman mereka dalam Kristus serta menghadiri gereja, tetapi hidup dalam kesenangan duniawi kerana mereka gagal memiliki keimanan rohani. Ada juga orang yang baru sahaja menerima Yesus Kristus dan sesetengah orang Yahudi yang dibangkitkan daripada tidur rohani melalui Pengangkatan.

Apabila mereka menyaksikan realiti Pengangkatan, mereka akan sedar bahawa semua firman dalam Perjanjian Lama dan Baru adalah benar, dan mereka akan meratap memukul tanah. Mereka akan mengalami ketakutan besar, dan bertaubat kerana tidak hidup dalam kehendak Tuhan, dan cuba mencari cara untuk menerima penyelamatan.

Setelah kedua-dua malaikat itu pergi, datanglah malaikat ketiga yang berseru, "Sesiapa yang menyembah binatang itu dan patungnya, serta menerima tanda binatang itu pada dahi atau tangan, akan minum wain yang melambangkan kemurkaan Tuhan. Wain yang pekat itu dituang ke dalam cawan kemurkaan-Nya! Semua orang itu akan diseksa di dalam api dan belerang di hadapan malaikat-malaikat suci dan Anak Domba. Asap api yang menyeksa mereka akan mengepul terus-menerus untuk selama-lamanya. Mereka yang menyembah binatang itu dan patungnya, serta mereka yang mempunyai tanda nama binatang itu, akan terus-menerus terseksa siang dan malam." Itulah sebabnya umat Tuhan yang taat kepada perintah-Nya dan setia kepada Yesus mesti tabah hati (Wahyu 14:9-12).

Jika seseorang menerima tanda binatang, dia dipaksa untuk menjadi patuh kepada antikristus yang menentang Tuhan. Itu sebabnya Alkitab menegaskan bahawa sesiapa yang diberikan tanda binatang tidak akan mendapat penyelamatan. Semasa Bencana Dahsyat, orang yang mengetahui hal ini akan berusaha tidak menerima tanda binatang untuk menunjukkan bukti bahawa mereka mempunyai iman.

Identiti antikristus akan didedahkan dengan jelas. Dia akan mengkategorikan orang yang menentang polisinya dan menolak untuk menerima tanda sebagai elemen kotor dalam masyarakat,, dan menyingkirkan mereka daripada masyarakat kerana mengganggu keamanan sosial. Dan, dia akan memaksa mereka untuk menyangkal Yesus Kristus dan menerima tanda binatang. Jika mereka menolak, hukuman yang berat akan menyusul dan mereka akan syahid.

Keselamatan dengan Cara Syahid kerana Tidak Menerima Tanda Binatang

Seksaan bagi orang yang menolak untuk menerima tanda binatang semasa Bencana Dahsyat Tujuh Tahun adalah amat berat. Seksaan ini amat berat untuk mereka tanggung, dan hanya ada beberapa orang yang mampu mengatasinya dan mendapat peluang terakhir untuk penyelamatan mereka. Sesetengah mereka akan mengatakan, "Saya tidak meninggalkan iman saya dalam Yesus. Saya masih percaya kepada-Nya dari hati saya. Seksaan amat pedih sehingga saya menidakkan Yesus hanya

dengan lidah. Tuhan akan memahami dan menyelamatkan saya"
dan mereka menerima tanda binatang. Tetapi mereka langsung
tidak akan diberi penyelamatan.

Beberapa tahun lalu semasa saya sedang berdoa, Tuhan
menunjukkan saya dalam satu penglihatan bagaimana orang
yang berhadapan dengan Bencana Dahsyat akan menolak
tanda binatang ini dan diseksa. Ia situasi yang amat dahsyat!
Orang yang menyeksa mengoyakkan kulit, mematahkan semua
sendi, memotong jari tangan dan kaki, tangan dan kaki serta
mencurahkan minyak panas ke tubuh mereka.

Semasa Perang Dunia Kedua, pembunuhan dan penyeksaan
dahsyat berlaku dan mereka menjalankan eksperimen perubatan
terhadap tubuh yang masih hidup. Penyeksaan itu tidak dapat
dibandingkan dengan penyeksaan semasa Bencana Dahsyat
Tujuh Tahun. Selepas Pengangkatan, antikristus yang bersekutu
dengan iblis memerintah dunia dan tidak mempunyai belas
kasihan atau belas ihsan terhadap sesiapapun.

Iblis dan kuasa antikristus akan memujuk orang ramai untuk
menidakkan Yesus dengan apa cara sekalipun untuk mendorong
mereka ke neraka. Mereka akan menyeksa orang yang beriman,
tetapi tidak membunuh mereka dengan serta-merta, dengan
kaedah penyeksaan yang unik serta kejam. Banyak jenis kaedah
penyeksaan dan alat penyeksaan terkini yang digunakan untuk
menyeksa, yang akan menyebabkan orang beriman mengalami

panik dan kesakitan yang sangat hebat. Namun penyeksaan dahsyat akan berterusan.

Orang yang diseksa ingin mati sahaja dengan cepat, tetapi tidak dapat memilih kematian kerana antikristus tidak akan membunuh mereka dengan mudah dan mereka tahu bahawa mati dengan cara membunuh diri tidak akan membawa mereka kepada penyelamatan.

Dalam penglihatan ini Tuhan menunjukkan kepada saya bahawa kebanyakan daripada mereka tidak mampu menahan kesakitan akibat seksaan dan menyerah kepada antikristus. Buat beberapa lama mereka kelihatan seperti bertahan dan menerima seksaan dengan keteguhan hati, tetapi apabila mereka melihat anak-anak atau ibu bapa yang dikasihi diseksa dengan cara yang sama, mereka beralah, dan menyerah kepada antikristus serta menerima tanda binatang.

Antara orang yang diseksa, beberapa orang mempunyai hati yang benar dan setia dan akan mengatasi seksaan serta godaan antikristus ini, dan mati syahid. Oleh itu, orang yang mengekalkan keimanan mereka melalui kesyahidan semasa Bencana Dahsyat dapat menyertai perarakan penyelamatan.

Jalan Penyelamatan daripada Bencana yang Bakal Melanda

Apabila Perang Dunia Kedua meletus, orang Yahudi, yang hidup aman di Jerman, tidak menjangkakan kezaliman seperti pembunuhan 6 juta orang bakal berlaku terhadap mereka. Tiada sesiapa yang tahu atau menjangka bahawa Jerman yang memberikan mereka keamanan dan kestabilan akan tiba-tiba berubah menjadi kuasa jahat dalam tempoh yang singkat.

Pada waktu itu, orang Yahudi lemah dan tidak dapat melakukan apa-apa untuk mengelak daripada kezaliman ini, kerana mereka tidak tahu apa yang akan berlaku. Tuhan mahu umat pilihan-Nya dapat mengelak daripada bencana yang akan datang tidak lama lagi. Itulah sebabnya Tuhan mencatatkan akhir zaman dengan terperinci dalam Alkitab dan membenarkan orang suruhan-Nya memberi amaran kepada Israel tentang bencana yang bakal berlaku dan membangkitkan mereka.

Perkara paling penting yang Israel perlu tahu adalah bahawa malapetaka daripada Bencana tidak dapat dielakkan, dan mereka tidak dapat melarikan diri malah akan terperangkap di tengah-tengah Bencana Dahsyat ini. Saya harap anda sedar bahawa bencana ini akan berlaku tidak lama lagi dan ia akan datang seperti pencuri jika anda tidak bersedia. Anda perlu bangkit daripada tidur rohani jika anda mahu melepaskan diri daripada bencana ini.

Sekarang ialah masanya Israel perlu bangkit! Mereka perlu bertaubat kerana tidak mengenali Mesias, dan menerima Yesus Kristus sebagai Penyelamat manusia, dan mempunyai keimanan sebenar yang Tuhan mahu mereka miliki supaya mereka dapat bergembira diangkat apabila Yesus kembali di udara.

Saya menggesa anda supaya ingat bahawa antikristus akan muncul di hadapan anda seperti utusan keamanan, sama seperti Jerman buat seketika sebelum Perang Dunia Kedua. Dia akan menawarkan keamanan dan keselesaan, tetapi dengan cepat dan tidak disangka, antikristus akan menjadi kuasa besar, suatu kuasa yang sedang meningkatkan kuasanya sekarang ini, dan dia akan membawa penderitaan dan bencana yang tidak dapat dibayangkan.

Sepuluh Jari Kaki

Alkitab mempunyai banyak petikan nubuat tentang masa hadapan. Secara khususnya, jika kita melihat nubuat yang dicatatkan dalam buku nabi dalam Perjanjian Lama, ia memberitahu kita terlebih dahulu tentang masa hadapan Israel dan juga dunia. Apakah sebabnya? Umat pilihan Tuhan, Israel, dahulu dan selama-lamanya akan menjadi pusat sejarah manusia.

Patung Besar yang Dicatatkan dalam Nubuat Daniel

Buku Daniel menubuatkan bukan sahaja masa hadapan Israel, tetapi juga tentang apa yang akan berlaku kepada dunia pada hari-hari akhir, berkaitan penghujung bagi Israel. Dalam Buku Daniel 2:31-33, Daniel mentafsirkan mimpi Raja Nebukadnezar dengan inspirasi Tuhan, dan tafsiran ini adalah nubuat tentang apa yang akan berlaku kepada dunia pada akhir zaman.

Dalam penglihatan ini tuanku nampak sebuah patung di hadapan tuanku. Patung itu sangat besar, berkilau-kilauan, dan sungguh menakutkan. Kepalanya dibuat

daripada emas tulen; dada dan lengannya daripada
perak; pinggang dan pinggulnya daripada gangsa;
paha dan betisnya daripada besi dan sebahagian lagi
daripada tanah liat (Daniel 2:31-33).

Apakah yang dinubuatkan melalui ayat-ayat ini tentang situasi dunia pada akhir zaman?

"Sebuah patung besar" yang Raja Nebukadnezar lihat dalam mimpinya ialah Kesatuan Eropah. Hari ini dunia dikawal oleh dua kuasa – Amerika Syarikat dan Kesatuan Eropah. Tentu sekali pengaruh Rusia dan China perlu diambil kira. Tetapi, Amerika Syarikat dan Kesatuan Eropah masih lagi menjadi kuasa paling berpengaruh dalam dunia dari segi ekonomi dan kekuatan ketenteraan.

Kini, KE kelihatan agak lemah, tetapi ia akan terus berkembang. Hari ini, tiada sesiapa yang meragui hal ini. Sehingga kini A.S. secara eksklusif ialah negara paling dominan di dunia, tetapi sedikit demi sedikit KE akan menjadi lebih dominan di seluruh dunia berbanding A.S.

Hanya beberapa dekad lalu, tiada siapa dapat membayangkan negara-negara Eropah akan bersatu menjadi satu sistem kerajaan. Negara-negara Eropah telah membincangkan Kesatuan Eropah buat sekian lama, tetapi tiada siapa yakin bahawa mereka mampu merentasi halangan identiti kebangsaan, bahasa, mata wang dan banyak lagi halangan lain untuk membentuk satu organisasi kesatuan.

Tetapi, bermula akhir tahun 1980-an, pemimpin negara-negara Eropah mula membincangkan hal ini dengan serius, terutamanya atas sebab ekonomi. Semasa Perang Dingin, kuasa utama untuk mengekalkan dominasi dunia ialah kekuatan ketenteraan, tetapi sejak berakhirnya Perang Dingin, kuasa utama berubah daripada kuasa ketenteraan kepada kekuatan ekonomi. Untuk bersedia bagi kekuatan ekonomi, negara-negara Eropah telah cuba bersatu dan hasilnya, mereka menjadi satu dalam kesatuan ekonomi. Kini, satu-satunya perkara yang perlu dilaksanakan ialah penyatuan politik, menggabungkan semua negara sebagai satu sistem kerajaan, dan situasi sekarang sedang menuju ke arah itu.

"Patung itu sangat besar, berkilau-kilauan, dan sungguh menakutkan," yang dinyatakan dalam Daniel 2:31, bernubuat tentang perkembangan dan aktiviti Kesatuan Eropah. Ia memberitahu kita tentang betapa kuat dan berkuasanya Kesatuan Eropah nanti.

KE Akan Mempunyai Kuasa yang Besar

Bagaimanakah KE akan mempunyai kuasa yang besar? Daniel 2:32 dan seterusnya memberikan kita jawapan dengan menerangkan daripada bahan apakah kepala, dada, lengan, perut, paha, kaki dan tapak kaki patung itu dibuat.

Pertama sekali, ayat 32 menyatakan, *"kepalanya dibuat daripada emas tulen."* Ayat ini ialah nubuat bahawa KE akan berkembang dari segi ekonomi dan memiliki kuasa ekonomi melalui pengumpulan harta. Seperti yang dinubuatkan, KE akan mendapat manfaat dan keuntungan melalui penyatuan ekonomi.

Berikutnya, ayat yang sama juga menyatakan, *"dada dan lengannya daripada perak."* Hal ini melambangkan bahawa KE akan kelihatan bersatu dari segi sosial, budaya dan politik. Apabila seorang presiden dilantik untuk mewakili KE, ia akan mencapai penyatuan politik dari segi luaran, dan bersatu secara keseluruhan dalam aspek sosial dan budaya. Namun, dalam keadaan penyatuan yang tidak lengkap, setiap ahli akan mencari kepentingan ekonomi sendiri.

Seterusnya, ia menyatakan, *"pinggang dan pinggulnya daripada gangsa."* Hal ini melambangkan bahawa KE akan mencapai penyatuan ketenteraan. Setiap negara KE mahu memiliki kekuatan ekonomi. Penyatuan ketenteraan ini secara asasnya adalah untuk tujuan kepentingan ekonomi, yang merupakan matlamat utama. Untuk turut serta merampas kuasa untuk mengawal dunia melalui kekuatan ekonomi, tiada pilihan selain bersatu dalam aspek sosial, budaya, politik dan ketenteraan.

Akhir sekali, ia menyatakan, *"paha dan betisnya daripada besi."* Hal ini merujuk kepada satu lagi asas kukuh untuk menguatkan dan menyokong KE melalui penyatuan agama. Pada peringkat awal, KE akan mengakui Katolik sebagai agama rasmi. Katolik akan bertambah kuat dan menjadi mekanisme sokongan untuk memperkukuh dan mengekalkan KE.

Makna Rohani 10 Jari Kaki

Apabila KE berjaya menyatukan banyak negara dalam aspek pengaruh ekonomi, politik, sosial, budaya, ketenteraan dan agama, ia akan menayangkan kuasa dan kesatuannya terlebih dahulu, tetapi sedikit demi sedikit mereka akan mengalami tanda perpecahan dan masalah.

Pada peringkat awal KE, negara-negara KE bersatu kerana mereka saling memberi konsesi untuk manfaat ekonomi bersama. Tetapi, semakin lama, akan ada perbezaan dari segi sosial, politik dan ideologi dan perbalahan akan berlaku. Kemudian, pelbagai tanda perpecahan akan kelihatan. Akhir sekali, konflik agama akan terdedah – konflik antara Katolik dan Protestan.

Daniel 2:33 menyatakan, *"paha dan betisnya daripada besi dan sebahagian lagi daripada tanah liat."* Hal ini bermakna sesetengah daripada 10 jari kaki diperbuat daripada besi, dan yang lainnya daripada tanah liat. 10 jari bukanlah merujuk kepada "10 negara KE." Hal ini merujuk kepada "lima negara wakil yang percaya kepada Katolik dan lima negara wakil yang percaya kepada Protestan."

Sama seperti besi dan tanah liat yang tidak dapat dicampur dan digabungkan, negara-negara dominan Katolik dan negara-negara dominan Protestan tidak akan bersatu sepenuhnya, iaitu negara yang mendominasi serta didominasi tidak bergabung. Apabila tanda perpecahan dalam KE semakin jelas, mereka akan berasa lebih tertekan untuk menyatukan negara-negara dalam agama, dan Katolik mendapat lebih kuasa di lebih banyak tempat.

Oleh itu, kepentingan ekonomi KE akan dibentuk pada hari-hari terakhir, dan akan meningkat dengan kuasa yang besar. Seterusnya, KE akan menyatukan agamanya kepada Katolik dan penyatuan KE menjadi lebih kuat, sehingga akhirnya KE akan menjadi satu berhala.

Berhala ialah objek yang dipuja dan disembah ramai orang. Dalam hal ini, KE akan memimpin aliran dunia dengan kuasa, dan memerintah dunia seperti berhala yang berkuasa.

Perang Dunia Ketiga dan Kesatuan Eropah

Seperti yang dinyatakan di atas, apabila Yesus kembali di udara pada akhir zaman, ramai orang yang percaya akan diangkat ke udara secara serentak, dan kekecohan yang dahsyat akan berlaku di dunia. Sementara itu, KE akan mengambil kuasa dan mendominasi dunia atas nama menjaga keamanan dunia buat sementara, tetapi kemudian KE akan menentang Yesus dan menerajui Bencana Dahsyat Tujuh Tahun.

Kemudian, ahli KE akan berpecah kerana mereka masing-masing mencari kepentingan sendiri. Hal ini akan berlaku pada pertengahan Bencana Dahsyat Tujuh Tahun. Permulaan Bencana Dahsyat Tujuh Tahun ini, seperti yang dinubuatkan dalam Bab 12 Buku Daniel, akan berlaku selaras dengan aliran sejarah Israel dan sejarah dunia.

Sejurus selepas Bencana Dahsyat Tujuh Tahun berlaku, KE akan terus meningkatkan kuasa dan kekuatan. Mereka akan melantik seorang presiden Kesatuan. Hal ini akan berlaku sejurus selepas orang yang telah menerima Yesus Kristus sebagai Penyelamat dan menerima hak untuk menjadi anak Tuhan diubah dan dibawa naik ke syurga semasa Kedatangan Kedua Yesus di udara.

Kebanyakan orang Yahudi yang tidak menerima Yesus sebagai Penyelamat akan kekal di dunia dan menderita Bencana Dahsyat Tujuh Tahun. Kesengsaraan dan kengerian Bencana Dahsyat ini tidak dapat digambarkan. Dunia akan dipenuhi perkara yang paling menyedihkan termasuklah peperangan, pembunuhan, hukuman, kebuluran, penyakit dan bencana yang lebih teruk berbanding apa yang pernah berlaku dalam sejarah manusia.

Permulaan Bencana Dahsyat Tujuh Tahun berlaku di Israel di mana peperangan akan tercetus antara Israel dan Timur Tengah. Ketegangan melampau yang telah lama wujud antara Israel dan negara-negara Timur Tengah lain serta perebutan sempadan tidak pernah selesai. Pada masa hadapan, pertelingkahan ini akan bertambah serius, Peperangan akan berlaku kerana kuasa-kuasa dunia akan masuk campur dalam hal ehwal minyak. Mereka akan saling bergaduh untuk mendapatkan kedudukan dan kelebihan dalam hal ehwal antarabangsa.

Amerika Syarikat yang merupakan sekutu tradisi Israel sejak sekian lama akan menyokong Israel. Kesatuan Eropah, China dan Rusia, yang menentang A.S. akan bersekutu dengan Timur Tengah, dan kemudian Perang Dunia Ketiga akan tercetus antara kedua-dua pihak.

Perang Dunia Ketiga sama sekali berbeza saiznya berbanding Perang Dunia Kedua. Dalam Perang Dunia Kedua, lebih 50 juta orang dibunuh atau terbunuh. Kini kuasa senjata moden, termasuklah bom nuklear, senjata kimia dan biologi, dan banyak lagi yang tidak dapat dibandingkan dengan Perang Dunia Kedua, dan hasil penggunaannya amat dahsyat.

Semua jenis senjata termasuklah bom nuklear dan pelbagai senjata terkini lain yang telah dicipta akan digunakan tanpa belas kasihan, dan kemusnahan serta pembunuhan yang tidak terbayangkan akan berlaku. Negara-negara yang ingin berperang akan musnah dan menjadi miskin. Hal ini bukanlah penamat peperangan. Letupan nuklear akan diikuti dengan radioaktif, dan pencemaran radioaktif, perubahan iklim yang serius dan bencana akan berlaku di seluruh dunia. Kesannya, seluruh dunia termasuklah negara-negara yang berperang akan menjadi neraka di dunia.

Pada pertengahan, mereka akan menghentikan serangan senjata nuklear kerana jika senjata nuklear digunakan lebih banyak, ia akan mengancam kewujudan manusia. Tetapi semua jenis senjata lain dan pasukan tentera yang besar akan meneruskan peperangan ini. A.S., China dan Rusia tidak akan kembali pulih.

Kebanyakan negara di dunia akan hampir lumpuh, tetapi KE akan terlepas daripada ancaman yang membinasakan. KE menjanjikan sokongan terhadap China dan Rusia, tetapi semasa peperangan, KE tidak akan terlibat secara aktif dalam pertempuran supaya ia tidak mengalami kerugian besar seperti negara lain.

Apabila banyak kuasa dunia termasuklah A.S. mengalami kerugian besar dan kehilangan kuasa akibat peperangan, KE akan menjadi gabungan kebangsaan yang paling berkuasa dan akan memerintah dunia. Pada mulanya KE hanya akan melihat perkembangan peperangan dan apabila negara-negara lain telah sepenuhnya musnah dari segi ekonomi dan ketenteraan, KE akan tampil ke hadapan dan mula menyelesaikan masalah peperangan. Negara lain tiada pilihan selain daripada menurut keputusan KE, kerana mereka telah kehilangan semua kuasa.

Dari sini, pertengahan kedua Bencana Dahsyat Tujuh Tahun akan bermula, dan untuk tiga setengah tahun seterusnya, antikristus yang merupakan pemerintah KE, akan mengawal seluruh dunia dan menaikkan darjat dirinya. Dan antikristus akan menyeksa dan menganiayai orang yang menentangnya.

Sifat Sebenar Antikristus Didedahkan

Pada peringkat awal Perang Dunia Ketiga, beberapa negara akan mengalami kerugian akibat perang dan KE akan menjanjikan sokongan ekonomi kepada mereka melalui China dan Rusia. Israel akan dikorbankan sebagai fokus utama peperangan dan pada waktu ini KE akan berjanji membina Rumah Tuhan yang telah diidamkan oleh Israel sejak sekian lama. Dengan janji KE ini, Israel akan mengimpikan kebangkitan semula keagungan yang dinikmati oleh mereka dalam rahmat Tuhan suatu masa dahulu. Kesannya, mereka juga akan bersekutu dengan KE.

Disebabkan sokongannya terhadap Israel, Presiden KE akan dianggap sebagai penyelamat oleh orang Yahudi. Peperangan yang berlaku di Timur Tengah kelihatan akan tamat, dan mereka sekali lagi akan membangunkan Tanah Suci dan membina Rumah Tuhan. Mereka akan percaya bahawa Mesias dan Raja mereka, yang telah ditunggu sekian lama, akhirnya telah tiba dan berjaya membina semula Israel dan mengagungkan mereka.

Tetapi jangkaan dan kegembiraan mereka akan musnah tidak lama lagi. Apabila Rumah Tuhan dibina semula di Yerusalem, sesuatu yang tidak diduga akan berlaku. Hal ini telah dinubuatkan dalam Buku Daniel.

Raja itu akan membuat perjanjian yang kukuh dengan banyak orang selama tujuh tahun. Pada pertengahan jangka masa itu, raja itu akan menghentikan segala korban dan persembahan. Kemudian sesuatu yang disebut 'Bencana Yang Dahsyat' akan diletakkan di Rumah TUHAN, dan tetap di situ sehingga orang yang meletakkannya menemui kebinasaan yang telah ditentukan oleh Tuhan baginya (Daniel 9:27).

Beberapa orang askar raja akan menajiskan Rumah TUHAN. Mereka akan menghentikan korban harian, dan mendirikan 'Bencana Yang Dahsyat' itu (Daniel 11:31).

Sejak masa korban harian dihentikan, iaitu sejak 'Bencana Yang Dahsyat' itu, 1,290 hari akan berlalu (Daniel 12:11).

Ketiga-tiga ayat ini membawa kepada satu insiden yang sama. Hal ini ialah insiden yang akan berlaku pada akhir zaman, dan Yesus juga bercakap tentang akhir zaman menggunakan ayat ini.

Dia berkata dalam Matius 24:15-16, *"Kamu akan melihat 'Bencana yang Dahsyat' yang dikatakan oleh Nabi Daniel, di tempat suci itu. (Catatan kepada pembaca: Hendaklah kamu faham apa maknanya!). Lalu mereka yang di Yudea mesti lari ke pergunungan."*

Pada mulanya orang Yahudi akan percaya bahawa KE telah membina semula Rumah Tuhan di Tanah Suci yang dianggap mereka suci, tetapi apabila bencana berada di tempat suci, mereka akan terkejut dan menyedari bahawa keimanan mereka selama ini adalah salah. Mereka akan menyedari bahawa mereka telah berpaling daripada Yesus Kristus dan Dia ialah Mesias mereka dan Penyelamat manusia.

Inilah sebabnya Israel perlu dibangkitkan sekarang. Jika Israel tidak dibangkitkan sekarang, mereka tidak akan dapat menyedari kebenaran pada masa yang tepat. Israel akan menyedari kebenaran tetapi sudah terlambat, dan ia tidak dapat diubah.

Jadi saya dengan ini berharap agar anda, Israel, bangkitlah supaya anda tidak akan terjatuh kepada godaan antikristus dan menerima tanda binatang. Jika anda diperdaya dengan kata-kata godaan dan licik antikristus yang menjanjikan keamanan dan kemakmuran serta menerima tanda binatang, "666", anda akan terjerumus ke jalan kematian abadi, tidak dapat berpaling lagi.

Yang lebih menyedihkan adalah, hanya selepas identiti binatang didedahkan, seperti yang dinubuatkan oleh Daniel, barulah ramai orang Yahudi yang sedar bahawa fokus keimanan mereka adalah salah. Melalui buku ini, saya berharap agar anda akan menerima Mesias yang telah dihantar oleh Tuhan dan mengelak daripada termasuk dalam Bencana Dahsyat Tujuh Tahun.

Oleh itu, seperti yang telah saya nyatakan di atas, anda perlu menerima Yesus Kristus dan memiliki keimanan yang betul pada pandangan Tuhan. Inilah sahaja caranya anda dapat mengelak daripada Bencana Dahsyat Tujuh Tahun.

Sungguh malang jika anda gagal diangkat ke syurga dan ditinggalkan di dunia semasa Kedatangan Kedua Yesus! Namun, anda masih mempunyai peluang terakhir untuk mendapat penyelamatan.

Saya merayu kepada anda agar menerima Yesus Kristus dengan segera, dan hidup dalam persekutuan dengan saudara dalam Kristus. Sekarang masih belum terlewat untuk anda belajar melalui Alkitab dan buku ini, tentang bagaimana anda dapat mengekalkan keimanan untuk berhadapan Bencana Dahsyat Tujuh Tahun dan mencari jalan yang telah disediakan oleh Tuhan sebagai peluang terakhir untuk penyelamatan, dan dipimpin di jalan ini.

Kasih Tuhan yang Tidak Pernah Menghampakan

Tuhan telah memenuhi rencana-Nya untuk penyelamatan manusia melalui Yesus Kristus, dan tidak kira bangsa dan negara, sesiapa yang menerima Yesus Kristus sebagai Penyelamat dan melakukan kehendak Tuhan, Tuhan akan menjadikannya anak-Nya dan membenarkan dia menikmati kehidupan abadi.

Tetapi apa yang telah berlaku kepada Israel dan penduduknya? Ramai antara mereka yang belum menerima Yesus Kristus dan menjauhkan diri dari jalan penyelamatan. Sungguh kasihan kerana mereka gagal menyedari bahawa jalan penyelamatan adalah melalui Yesus Kristus, walaupun sehingga Yesus kembali lagi di udara dan anak-anak Tuhan yang diselamatkan akan dibawa dari dunia naik ke udara!

Apa yang akan berlaku kepada Israel, umat pilihan Tuhan? Adakah mereka akan terkecuali daripada perarakan anak-anak Tuhan yang diselamatkan? Tuhan yang Maha Mengasihi telah menyediakan rancangan hebat untuk Israel pada saat-saat akhir sejarah manusia.

Tuhan bukan manusia, Dia tidak berdusta; Tuhan bukan insan, Dia tidak mengubah fikiran. Apa yang dijanjikan-Nya akan dipenuhi-Nya; apa yang difirmankan-Nya pasti dilakukan-Nya (Bilangan 23:19).

Apakah rencana terakhir yang telah dirancang oleh Tuhan untuk Israel pada akhir zaman? Tuhan telah menyediakan jalan untuk "penyelamatan sipi-sipi" untuk umat pilihan-Nya, Israel, supaya mereka masih akan mendapat penyelamatan dengan menyedari bahawa Yesus yang telah disalibkan oleh mereka ialah Mesias yang ditunggu oleh mereka buat sekian lama, dan bertaubat sepenuhnya di hadapan Tuhan.

Penyelamatan Sipi-sipi

Semasa Bencana Dahsyat Tujuh Tahun, sesetengah orang yang ditinggalkan di dunia akan percaya dan menerima dalam hati mereka bahawa syurga dan neraka benar-benar wujud, Tuhan adalah hidup, dan Yesus Kristus adalah satu-satunya Penyelamat kita kerana mereka telah menyaksikan ramai orang diangkat ke syurga dan menyedari kebenaran,. Selain itu, mereka akan cuba untuk tidak menerima tanda binatang. Selepas Pengangkatan, mereka akan mengubah diri mereka, membaca firman Tuhan yang dicatatkan dalam Alkitab, berkumpul dan menjalankan kebaktian penyembahan serta cuba untuk hidup berlandaskan firman Tuhan.

Pada peringkat awal Bencana Dahsyat Tujuh Tahun, ramai orang akan dapat menjalani kehidupan beragama dan berdakwah kepada orang lain kerana masih belum ada penghukuman terancang. Mereka tidak akan menerima tanda binatang kerana mereka tahu bahawa mereka tidak akan menerima penyelamatan dengan tanda ini, dan cuba sedaya-upaya untuk menjalani kehidupan yang layak untuk mendapat penyelamatan walaupun selepas Bencana Dahsyat. Tetapi sukar untuk mereka mengekalkan keimanan mereka kerana Roh Kudus telah meninggalkan dunia.

Ramai orang akan mengalirkan air mata kerana mereka tidak mempunyai sesiapa untuk memimpin kebaktian penyembahan dan membantu mereka meningkatkan keimanan. Mereka perlu mengekalkan keimanan tanpa perlindungan dan kekuatan Tuhan. Mereka akan bersedih kerana mereka kesal tidak menurut ajaran firman Tuhan walaupun telah dinasihatkan untuk menerima Yesus Kristus dan menjalani kehidupan dalam keimanan. Mereka perlu mengekalkan keimanan dengan berhadapan banyak ujian dan penghukuman dalam dunia, dan mereka akan menghadapi kesukaran mencari firman Tuhan yang sebenar.

Sesetengah daripada mereka akan bersembunyi di pergunungan supaya tidak perlu menerima tanda binatang, '666'. Mereka terpaksa mencari akar pokok dan membunuh haiwan untuk mendapatkan makanan kerana mereka tidak boleh menjual atau membeli apa-apa tanpa tanda binatang. Tetapi semasa pertengahan kedua Bencana Dahsyat Tujuh Tahun, selama tiga setengah tahun, tentera antikristus akan dengan tegas dan tekun mengejar orang-orang yang beriman ini. Tidak kiralah di kawasan pedalaman mana mereka bersembunyi, mereka akan ditemui dan dibawa pergi oleh tentera.

Kerajaan binatang akan menangkap orang yang tidak menerima tanda binatang dan memaksa mereka untuk menyangkal Yesus dan menerima tanda binatang melalui penyeksaan yang keras. Akhirnya, ramai antara mereka yang akan menyerah dan tidak mempunyai pilihan selain menerima tanda itu kerana kesakitan dan seksaan yang teruk.

Tentera akan menggantung mereka pada dinding dalam keadaan bogel dan menusuk tubuh mereka dengan mata gerudi. Mereka akan menyiang kulit dari kepala ke kaki. Mereka akan menyeksa anak-anak di hadapan ibu bapa. Seksaan yang dilakukan oleh pihak tentera amat kejam dan sukar untuk mereka mati syahid.

Itulah sebabnya tidak ramai yang dapat mengatasi penyeksaan dengan kekuatan diri yang melebihi kekuatan manusia, dan mati syahid serta dapat menerima penyelamatan dan masuk ke syurga. Oleh itu, sesetengah orang akan diselamatkan dengan mengekalkan keimanan tanpa menyangkal Yesus, dan mengorbankan nyawa dalam kesyahidan di bawah kawalan antikristus semasa Bencana Dahsyat. Inilah dinamakan "Penyelamatan Sipi-sipi."

Tuhan mempunyai rahsia yang telah disediakan-Nya untuk penyelamatan sipi-sipi bagi umat pilihan Tuhan, Israel. Hal ini ialah Dua Saksi dan tempat persembunyian yang bernama Petra.

Kemunculan dan Dakwah Dua Orang Saksi

Wahyu 11:3 menyatakan, *"Aku akan mengutus dua orang saksi-Ku yang mengenakan pakaian berkabung. Mereka akan mengisytiharkan perkhabaran Tuhan selama 1,260 hari."* Dua orang Saksi itu ialah orang yang telah ditentukan oleh Tuhan dalam perancangan-Nya sejak dahulu untuk menyelamatkan umat pilihan-Nya, Israel. Mereka akan bersaksi kepada orang Yahudi di Israel bahawa Yesus Kristus adalah satu-satunya Mesias yang telah dinubuatkan dalam Perjanjian Lama.

Tuhan telah memberitahu saya tentang Dua Saksi ini. Dia menerangkan bahawa mereka tidak tua, mereka berjalan dalam kebenaran, dan mereka mempunyai hati yang benar. Tuhan memberitahu saya jenis pengakuan yang dinyatakan oleh salah seorang daripada Dua Saksi ini di hadapan Tuhan. Pengakuannya menyatakan bahawa dia percaya kepada agama Yehuda, tetapi dia mendengar ramai orang percaya kepada Yesus Kristus sebagai Penyelamat dan bercakap tentang-Nya. Oleh itu, dia berdoa kepada Tuhan untuk membantunya menentukan perkara yang benar dan betul, dengan berkata,

"Wahai, Tuhan!

Apakah kerunsingan dalam hatiku ini?
Aku percaya kepada semua yang benar
yang aku dengar daripada ibu bapaku dan yang telah

dikatakan
sejak aku kecil,
tetapi apakah masalah dan persoalan dalam hatiku ini?

Ramai orang bercakap tentang Mesias.

Tetapi jika seseorang dapat tunjukkan kepadaku
dengan bukti yang nyata dan jelas
sama ada benar untuk mempercayai mereka
atau mempercayai apa yang aku tahu sejak kecil,
aku akan bergembira dan bersyukur.

Tetapi aku tidak nampak apa-apa,
dan untuk mengikuti apa yang mereka katakan,
aku perlu memikirkan semua perkara yang tidak bermakna
dan bodoh
yang telah aku amalkan sejak kecil.
Apakah yang benar pada pandangan-Mu?

Tuhan Bapa!
Jika Engkau sudi,
tunjukkan aku seorang manusia
yang dapat menentukan segala-galanya dan memahami
segala-galanya.
Biar dia datang kepadaku dan mengajarkan aku
apa yang tepat dan kebenaran sejati.

Apabila aku mendongak ke langit,
aku berasa runsing dalam hatiku,
dan jika sesiapa dapat menyelesaikan masalah ini,
tunjukkanlah dia kepadaku.

Aku tidak dapat mengkhianati dalam hati segala apa yang
telah aku percaya,
dan apabila aku memikirkan semua ini,
jika ada sesiapa yang dapat menunjukkan dan mengajarkannya
kepadaku,
kalaulah dia dapat menunjukkan kepadaku bahawa ia benar,
aku tidak akan menidakkan semua perkara
yang telah aku pelajari dan lihat.

Oleh itu, Tuhan Bapa!
Tunjukkanlah kepadaku.

Berikan aku pemahaman tentang semua hal ini.

Aku runsing tentang banyak perkara.
Aku percaya bahawa semua perkara yang telah aku dengar
sehingga kini adalah benar.

Tetapi apabila aku terus memikirkannya,
aku mempunyai banyak persoalan, dan aku berasa dahaga;
Mengapakah begitu?

Oleh itu, kalaulah aku dapat melihat semua perkara ini
dan menjadi yakin dengannya;
jika aku yakin bahawa hal ini bukanlah pengkhianatan
terhadap jalan yang telah kulalui selama ini;
jika aku dapat melihat kebenaran yang sejati;
jika aku dapat mengetahui semua perkara
yang sedang aku fikirkan,
aku akan mendapat ketenangan dalam hati."

Dua Saksi, yang merupakan orang Yahudi, sedang
bersungguh-sungguh mencari kebenaran sejati, dan Tuhan
akan menjawab mereka dan menghantarkan seorang alim
kepada mereka. Melalui orang suruhan Tuhan ini, mereka
akan memenuhi rencana Tuhan bagi pemupukan manusia dan
menerima Yesus Kristus. Mereka akan tinggal di dunia semasa
Bencana Dahsyat Tujuh Tahun dan melakukan dakwah untuk
pertaubatan dan penyelamatan Israel. Mereka akan menerima
kuasa khas Tuhan dan mempersaksikan Yesus Kristus kepada
Israel.

Mereka akan datang dengan penuh suci pada pandangan
Tuhan, dan melakukan dakwah selama 42 bulan seperti yang
dinyatakan dalam Wahyu 11:2. Dua Saksi ini datang dari Israel
kerana permulaan dan penamat ajaran adalah di Israel. Ajaran
disebarkan ke seluruh dunia oleh Rasul Paulus, dan kini jika
ajaran tiba semula di Israel, yang merupakan titik mulanya,
kemudian kerja dakwah akan lengkap.

Yesus berkata dalam Kisah Para Rasul 1:8, *"Tetapi kamu akan menerima kuasa, apabila Roh Tuhan datang kepada kamu. Lalu kamu akan menjadi saksi-saksi-Ku di Yerusalem, di seluruh Yudea, dan Samaria, serta sampai ke hujung bumi."* "Ke hujung bumi" di sini merujuk kepada Israel yang merupakan destinasi akhir ajaran Yesus.

Dua Saksi ini akan menyampaikan mesej salib kepada orang Yahudi dan menerangkan kepada mereka tentang jalan penyelamatan dengan kuasa berapi Tuhan. Dan mereka akan melakukan mukjizat dan tanda yang menakjubkan yang membuktikan mesej itu. Mereka akan ada kuasa untuk menutup langit, supaya hujan tidak akan turun pada hari–hari mereka bernubuat; dan mereka mempunyai kuasa untuk menukarkan air menjadi darah, dan membuatkan bumi dilanda wabak, sekerap mana yang mereka suka.

Melalui hal ini ramai orang Yahudi akan kembali kepada Yesus, tetapi pada masa yang sama ada sesetengah akan hilang pertimbangan dan cuba membunuh Dua Saksi ini. Bukan sahaja orang Yahudi, tetapi ramai orang jahat dari negara lain di bawah kawalan antikristus akan membenci Dua Saksi dan cuba membunuh mereka.

Kesyahidan dan Kebangkitan Semula Dua Saksi

Kuasa yang dimiliki oleh Dua Saksi amat hebat dan tiada sesiapa berani mengapa-apakan mereka. Akhirnya pihak berkuasa negara akan cuba membunuh mereka. Tetapi Dua Saksi ini akan dibunuh bukan disebabkan pihak berkuasa, tetapi hal ini adalah kehendak Tuhan untuk mereka supaya dapat syahid pada masa yang ditakdirkan. Tempat di mana mereka akan syahid ialah tempat yang sama Yesus disalib, dan hal ini menandakan kebangkitan semula mereka.

Semasa Yesus disalib, askar Rom mengawal makam-Nya supaya tiada sesiapa akan mengambil mayat-Nya. Tetapi mayat-Nya tiada kerana Dia kemudiannya telah dibangkitkan semula. Orang yang membunuh Dua Saksi akan ingat hal ini dan risau ada orang yang akan mengambil mayat mereka. Jadi, mereka tidak akan membenarkan mayat ditanam dalam kubur tetapi mayat mereka akan dibiarkan di tepi jalan supaya semua orang di dunia dapat melihat mayat mereka. Dengan hal ini, orang jahat yang kehilangan pertimbangan disebabkan ajaran yang disampaikan oleh Dua Saksi akan bergembira atas kematian mereka.

Seluruh dunia akan bergembira, dan media massa akan menyebarkan berita tentang kematian mereka melalui satelit selama tiga setengah hari. Selepas tiga setengah hari, Dua Saksi ini akan dibangkitkan semula. Mereka akan hidup semula, diangkat ke syurga dalam awan keagungan sama seperti Elia yang diangkat ke syurga dalam angin kencang. Hal yang menakjubkan ini akan disiarkan ke seluruh dunia dan ramai orang akan menyaksikannya.

Dan pada saat itu akan berlaku gempa bumi yang kuat,

dan satu persepuluh daripada bandar akan musnah, dan 7,000 orang akan terbunuh dalam gempa bumi. Wahyu 11:3-13 menerangkan hal ini dengan terperinci.

Aku akan mengutus dua orang saksi-Ku yang mengenakan pakaian berkabung. Mereka akan mengisytiharkan perkhabaran Tuhan selama 1,260 hari. Kedua-dua orang saksi itu adalah dua batang pokok zaitun dan dua buah kaki pelita yang berdiri di hadapan Tuhan alam semesta. Jika sesiapa cuba mencederakan mereka, api keluar dari mulut mereka dan membinasakan musuh. Dengan demikian sesiapa sahaja yang cuba mencederakan mereka akan terbunuh. Mereka mempunyai kuasa untuk menutup langit supaya hujan tidak turun selama mereka mengisytiharkan perkhabaran Tuhan. Mereka berkuasa atas mata air untuk mengubah air menjadi darah; mereka juga berkuasa menimpakan segala macam malapetaka ke atas bumi, bila-bila masa mereka menghendakinya. Apabila mereka selesai mengisytiharkan perkhabaran, binatang yang keluar dari jurang maut akan melawan mereka, lalu mengalahkan dan membunuh mereka. Mayat mereka akan terlantar di jalan raya kota besar, tempat Tuhan mereka disalibkan. Kota itu diberikan nama kiasan Sodom atau Mesir. Orang dari semua negara, suku, bahasa, dan bangsa akan melihat mayat mereka selama tiga hari setengah, dan tidak mengizinkan mayat-mayat itu dikubur. Penduduk bumi akan bersukacita kerana kematian dua orang saksi ini. Mereka akan merayakannya dan saling mengirim hadiah, kerana kedua-dua orang nabi itu telah mendatangkan banyak kesusahan kepada umat manusia. Setelah tiga hari setengah, nafas daripada Tuhan yang memberikan hidup, memasuki mereka. Mereka pun bangkit, sehingga semua orang yang melihat mereka sangat ketakutan. Kemudian dua orang nabi itu mendengar suara lantang dari syurga berkata kepada mereka, "Marilah naik ke sini!" Di depan mata musuh mereka, kedua-dua orang nabi itu naik ke syurga dengan awan. Tepat pada masa itu berlakulah gempa bumi yang dahsyat. Satu persepuluh kota itu musnah dan tujuh ribu orang terbunuh kerana gempa itu. Orang yang selebihnya ketakutan, lalu memuji keagungan Tuhan di syurga (Wahyu 11:3-13).

Tidak kira betapa degilnya mereka, jika mereka mempunyai sedikit kebaikan pun dalam hati, mereka akan menyedari bahawa gempa bumi besar dan kebangkitan Dua Saksi serta kenaikan ke syurga adalah kerja Tuhan, dan memberikan keagungan kepada Tuhan. Dan mereka akan terdorong untuk mengakui bahawa Yesus dibangkitkan dengan kuasa Tuhan kira-kira 2,000 tahun lalu. Tidak kiralah semua kejadian ini, sesetengah orang jahat tidak akan memberikan keagungan kepada Tuhan.

Lihat dan Dengar!

Saya menggesa anda untuk menerima kasih Tuhan. Sehingga saat akhir pun Tuhan mahu menyelamatkan anda dan mahu anda mendengar kata-kata Dua Saksi. Dua Saksi ini akan mengakui dengan kuasa hebat Tuhan bahawa mereka datang dari Tuhan. Mereka akan menyedarkan ramai orang tentang kasih dan kehendak Tuhan untuk mereka. Dan mereka akan memimpin anda untuk merebut peluang terakhir untuk penyelamatan.

Saya meminta anda untuk tidak berdiri bersama musuh yang datangnya dari iblis yang mahu memimpin anda ke jalan kemusnahan, tetapi dengarlah kata-kata Dua Saksi dan capai penyelamatan.

Petra, Tempat Persembunyian untuk Orang Yahudi

Satu lagi rahsia yang telah ditakdirkan oleh Tuhan untuk umat pilihan-Nya, ialah Petra, sebuah tempat persembunyian semasa Bencana Dahsyat Tujuh Tahun. Yesaya 16:1-4 menerangkan tentang tempat yang dinamakan Petra ini.

Dari kota Sela di padang gurun, penduduk Moab mengirim seekor domba kepada pemerintah di Yerusalem. Mereka menunggu di tebing Sungai Arnon, berulang-alik tanpa tujuan seperti burung yang diusir dari sarang. Mereka berkata kepada penduduk Yehuda, "Apakah yang harus kami buat? Lindungilah kami sepert pokok yang memberikan teduh pada tengah hari yang panas, dan benarkanlah kami berteduh di bawah naungan kamu. Kami orang pelarian; sembunyikanlah kami dan jangan khianati kami. Benarkanlah kami tinggal di negeri kamu. Lindungilah kami daripada mereka yang hendak membinasakan kami."

Tanah Moab menandakan tanah Yordan di sebelah timur Israel. Petra ialah sebuah tapak arkeologi di barat laut Yordan, di lembah Gunung Hor diapit gunung yang membentuk bahagian timur Arabah (Wadi Araba), lembah besar yang bermula dari Laut Mati hingga ke Teluk Aqaba. Petra lazimnya dikenali sebagai Sela yang juga bermakna batu, dengan rujukan dalam Alkitab pada 2 Raja-Raja 14: 7 dan Yesaya 16:1.

Selepas Yesus datang semula di udara, Dia akan menerima orang yang diselamatkan dan menikmati Jamuan Perkahwinan Tujuh Tahun, dan kemudian Dia akan turun ke dunia bersama mereka dan memerintah dunia semasa Milenium. Selama tujuh tahun, dari Kedatangan Kedua Yesus di udara untuk Pengangkatan sehingga Dia turun ke dunia, Bencana Dahsyat akan melanda dunia, dan selama tiga setengah tahun semasa pertengahan kedua Bencana Dahsyat – selama 1,260 hari, orang Israel akan menyembunyikan diri di tempat yang disediakan menurut rancangan Tuhan. Tempat persembunyian ini adalah Petra (Wahyu 12:6-14).

Mengapakah orang Yahudi memerlukan tempat

persembunyian?

Selepas Tuhan memilih orang Israel, Israel telah diserang dan dihukum oleh banyak kaum bukan Yahudi yang lain. Sebabnya adalah kerana iblis sentiasa menentang Tuhan dan cuba menghalang Israel daripada menerima rahmat daripada Tuhan. Perkara yang sama juga akan berlaku pada akhir zaman. Apabila orang Yahudi sedar melalui Bencana Dahsyat Tujuh Tahun bahawa Mesias dan Penyelamat mereka ialah Yesus, yang turun ke dunia 2,000 tahun lalu, dan cuba bertaubat, iblis akan menghukum mereka sehingga akhirnya untuk menghalang orang Yahudi daripada beriman.

Tuhan yang Maha Mengetahui, telah menyediakan tempat persembunyian untuk umat pilihan-Nya, Israel, dengan Dia menunjukkan kasih-Nya kepada mereka dan tidak akan lokek dengan kasih terhadap mereka. Berdasarkan kasih dan perancangan Tuhan, Israel akan masuk ke Petra untuk melarikan diri daripada para pemusnah.

Seperti yang dikatakan oleh Yesus dalam Matius 24:16, *"Lalu mereka di Yudea mesti lari ke pergunungan,"* orang Yahudi akan dapat lari daripada Bencana Dahsyat Tujuh Tahun ke tempat persembunyian di pergunungan, dan mengekalkan keimanan mereka dan mencapai penyelamatan di sana.

Apabila malaikat maut memusnahkan semua anak sulung di Mesir, orang Ibrani menghubungi sesama sendiri secara rahsia dan terlepas daripada wabak dengan meletakkan darah domba pada dua batang tiang pintu dan ambang pintu rumah mereka.

Dengan cara yang sama, orang Yahudi akan saling berhubung dengan pantas tentang ke mana perlu dituju dan berpindah ke tempat persembunyian sebelum kerajaan antikristus mula menangkap mereka. Mereka tahu tentang Petra kerana ramai pendakwah telah menerangkan tentang tempat persembunyian ini, dan walaupun bagi orang yang tidak percaya, mereka akan mengubah fikiran dan mencari tempat persembunyian ini.

Tempat persembunyian ini tidak akan dapat menampung begitu ramai orang. Malah, ramai orang yang telah bertaubat melalui Dua Saksi tidak akan dapat bersembunyi di Petra dan gagal mengekalkan iman mereka semasa Bencana Dahsyat Tujuh Tahun, dan akan mati sebagai syahid.

Kasih Tuhan Melalui Dua Saksi dan Petra

Wahai saudaraku, adakah kita telah hilang peluang untuk penyelamatan melalui Pengangkatan? Jadi, jangan ragu-ragu untuk ke Petra, peluang terakhir untuk penyelamatan anda yang diberikan atas kasih kurnia Tuhan. Tidak lama lagi penyakit dahsyat akan dibawa oleh antikristus. Anda perlu bersembunyi di Petra sebelum pintu terakhir kasih kurnia ditutup dengan gangguan antikristus.

Adakah anda gagal untuk masuk ke Petra? Oleh itu, satu-satunya cara anda dapat menerima penyelamatan dan masuk ke syurga adalah dengan menerima Yesus dan menolak tanda binatang "666." Anda perlu mengatasi banyak jenis seksaan yang mengerikan dan mati syahid. Hal ini tidaklah mudah, tetapi anda perlu melakukannya untuk mengelak daripada seksaan abadi dalam lautan api.

Saya berharap agar anda tidak berpaling daripada penyelamatan dengan mengingati kasih Tuhan yang tidak putus-putus setiap masa, dan beranikan diri untuk berhadapan dengan segala-galanya. Semasa anda berjuang dan menentang semua jenis godaan dan hukuman yang dikenakan oleh antikristus, kami saudara seagama akan berdoa untuk kejayaan anda.

Tetapi keinginan sebenar kami adalah supaya anda menerima Yesus Kristus sebelum semua ini berlaku, dan diangkat naik ke syurga bersama kami dan menyertai Jamuan Perkahwinan apabila Yesus kembali. Kami berdoa tanpa henti dengan tangisan kasih supaya Tuhan mengingati tindakan keimanan orang nenek moyang kita dan perjanjian yang Dia buat dengan mereka, dan memberikan anda kasih kurnia penyelamatan sekali lagi.

Dalam kasih-Nya Tuhan telah menyediakan Dua Saksi dan Petra supaya anda dapat menerima Yesus Kristus sebagai Mesias dan Penyelamat, dan mencapai penyelamatan. Sehingga saat akhir sejarah manusia, saya menggesa anda mengingati kasih Tuhan yang tidak akan pernah putus asa terhadap anda.

Sebelum menghantar Dua Saksi sebagai persediaan bagi Bencana Dahsyat, Tuhan yang Maha Kasih telah menghantar orang suruhan-Nya dan membiarkan dia memberitahu anda tentang apa yang bakal berlaku pada akhir zaman dan memimpin anda ke jalan penyelamatan. Tuhan tidak mahu satu orang pun daripada anda untuk berada di tengah-tengah Bencana Dahsyat Tujuh Tahun. Walaupun jika anda tinggal di dunia selepas Pengangkatan, Dia mahu anda merebut peluang terakhir untuk penyelamatan. Inilah kasih hebat Tuhan.

Bencana Dahsyat Tujuh Tahun akan berlaku tidak lama lagi. Ia adalah bencana yang tidak pernah berlaku dalam sejarah manusia, dan Tuhan akan memenuhi perancangan kasih-Nya untuk Israel. Sejarah pemupukan manusia akan dilengkapkan dengan penamatan sejarah Israel.

Katakanlah orang Israel memahami kehendak sebenar Tuhan dan terus menerima Yesus sebagai Penyelamat mereka. Jadi, walaupun sejarah Israel yang dicatatkan dalam Alkitab perlu dibetulkan dan ditulis semula, Tuhan akan melakukannya dengan rela. Hal ini kerana kasih Tuhan kepada Israel tidak dapat dibayangkan.

Tetapi ramai orang Israel yang telah, sedang dan akan memilih jalan sendiri, sehinggalah mereka berdepan saat kritikal. Tuhan yang Maha Berkuasa yang mengetahui segala-galanya yang akan berlaku pada masa hadapan telah menentukan takdir peluang terakhir untuk penyelamatan anda dan memimpin anda dengan kasih-Nya.

Tetapi sebelum hari yang hebat dan dahsyat yang Aku tentukan itu tiba, Aku akan mengutus Nabi Elia kepada kamu. Dia akan menyebabkan bapa dan anak bersatu hati, supaya Aku tidak datang untuk membinasakan negeri kamu (Maleakhi 4:5-6).

Saya menyatakan kesyukuran dan keagungan kepada Tuhan yang memimpin jalan penyelamatan bukan hanya untuk umat pilihan-Nya Israel, tetapi juga semua manusia daripada semua bangsa dengan kasih-Nya yang tidak berkesudahan.

Penulis:

Dr. Jaerock Lee

Dr. Jaerock Lee dilahirkan di Muan, Wilayah Jeonnam, Republik Korea, pada tahun 1943. Dalam usia 20-an, Dr. Lee menderita pelbagai penyakit yang tidak dapat disembuhkan selama tujuh tahun dan menunggu kematian tanpa harapan untuk sembuh. Suatu hari dalam musim bunga pada tahun 1974, beliau dibawa ke sebuah gereja oleh kakaknya dan apabila beliau melutut untuk berdoa, Tuhan yang maha hidup menyembuhkan semua penyakitnya dengan serta-merta.

Sejak Dr. Lee bertemu Tuhan yang maha hidup melalui pengalaman menakjubkan ini, beliau mengasihi Tuhan dengan sepenuh hati dan keikhlasan, dan pada tahun 1978, beliau telah terpanggil untuk menjadi hamba Tuhan. Beliau berdoa dengan bersungguh-sungguh supaya dapat memahami dengan jelas kehendak Tuhan, dan sepenuhnya mencapai tahap ini serta mematuhi semua Firman Tuhan. Pada tahun 1982, beliau mengasaskan Gereja Manmin Joong-ang di Seoul, Korea, dan menjalankan banyak kerja Tuhan, termasuklah keajaiban penyembuhan dan mukjizat, semuanya berlaku di gerejanya.

Pada 1986, Dr. Lee telah ditahbiskan sebagai seorang pastor pada

Perhimpunan Tahunan Yesus Gereja Sungkyul di Korea, dan empat tahun selepas itu, pada tahun 1990, khutbahnya mula disiarkan di Australia, Rusia, Filipina, dan banyak negara lain melalui Far East Broadcasting Company (Syarikat Penyiaran Far East), Asia Broadcast Station (Stesen Penyiaran Asia) dan Washington Christian Radio System (Sistem Radio Kristian Washington).

Tiga tahun selepas itu, pada tahun 1993, Gereja Manmin Joong-ang telah dipilih sebagai "50 Gereja Teratas Dunia" oleh majalah *Christian World* (Amerika Syarikat) dan beliau menerima Honorary Doctorate of Divinity dari Christian Faith College, Florida, Amerika, dan Ijazah Doktor Falsafah (PhD) dalam Pelayanan pada tahun 1996 daripada Kingsway Theological Seminary, Iowa, Amerika Syarikat.

Sejak 1993, Dr. Lee telah menerajui misi dunia melalui banyak perhimpunan besar ke luar negara seperti ke Tanzania, Argentina, Uganda, Jepun, Pakistan, Kenya, Filipina, Honduras, India, Rusia, Jerman, Peru, Republik Demokratik Congo, Israel dan Los Angeles, Baltimore, Hawaii, dan New York di Amerika Syarikat. Pada tahun 2002, beliau digelar "pastor sedunia" oleh akhbar Kristian utama di Korea atas sumbangan kerjanya dalam pelbagai perhimpunan besar di luar negara.

Setakat Mac 2015, Gereja Manmin Joong-ang mempunyai lebih daripada 120,000 orang ahli. Terdapat 10,000 cawangan gereja di dalam dan luar negara di seluruh dunia, dan setakat ini lebih 123 misi mubaligh telah dihantar ke 23 negara, termasuklah Amerika Syarikat, Rusia, Jerman, Kanada, Jepun, China, Perancis, India, Israel, Kenya dan banyak lagi.

Pada tarikh buku ini diterbitkan, Dr. Lee telah menulis 94 buah buku, termasuklah yang mendapat sambutan hangat seperti *Tasting Eternal Life before Death, My Life My Faith I & II, The Message of the Cross, The Measure of Faith, Heaven I&II, Hell,* dan *The Power of God.* Hasil kerjanya telah diterjemahkan ke dalam lebih 76 bahasa.

Penulisan kolumnya diterbitkan dalam *The Hankook Ilbo, The JoongAng Daily, The Dong-A Ilbo, The Chosun Ilbo, The Munhwa Ilbo, The Seoul Shinmun, The Kyunghyang Shinmun, The Korea Economic Daily, The Korea Herald, The Shisa News,* dan *The Christian Press.*

Dr. Lee kini merupakan pemimpin banyak organisasi dan persatuan Kristian: termasuk sebagai Pengerusi The United Holiness Church of Jesus Christ; Presiden Manmin World Mission; Pengasas & Pengerusi Lembaga, Global Christian Network (GCN); Pengasas & Pengerusi Lembaga The World Christian Doctors Network (WCDN); dan Pengasas & Pengerusi Manmin International Seminary (MIS).

Syurga I & II

Jemputan ke Bandar Suci Yerusalem Baru, yang mana 12 pintu pagarnya diperbuat daripada mutiara yang bergemerlapan, di tengah-tengah Syurga yang luas dan bersinar seperti permata berharga.

Tujuh Gereja

Mesej Tuhan untuk membangkitkan orang Kristian dan gereja daripada tidur rohani, yang dihantar ke tujuh gereja yang dicatatkan dalam Wahyu bab 2 dan 3, yang merujuk kepada semua gereja Tuhan

Neraka

Mesej kepada semua manusia daripada Tuhan, yang tidak mahu walau satu jiwa pun masuk ke Neraka! Anda akan mengetahui perkara yang tidak pernah diterangkan di mana-mana sebelum ini tentang penderitaan di Neraka.

Hidup Saya Iman Saya I & II

Aroma kerohanian paling harum yang diambil daripada kehidupan yang mencintai Tuhan, di tengah-tengah gelombang gelap, cabaran dan penderitaan hebat.

Ukuran Iman

Apakah tempat tinggal, mahkota dan ganjaran yang disediakan untuk anda di syurga? Buku ini memberikan kebijaksanaan dan bimbingan untuk anda mengukur tahap iman dan memupuk iman yang terbaik dan matang.